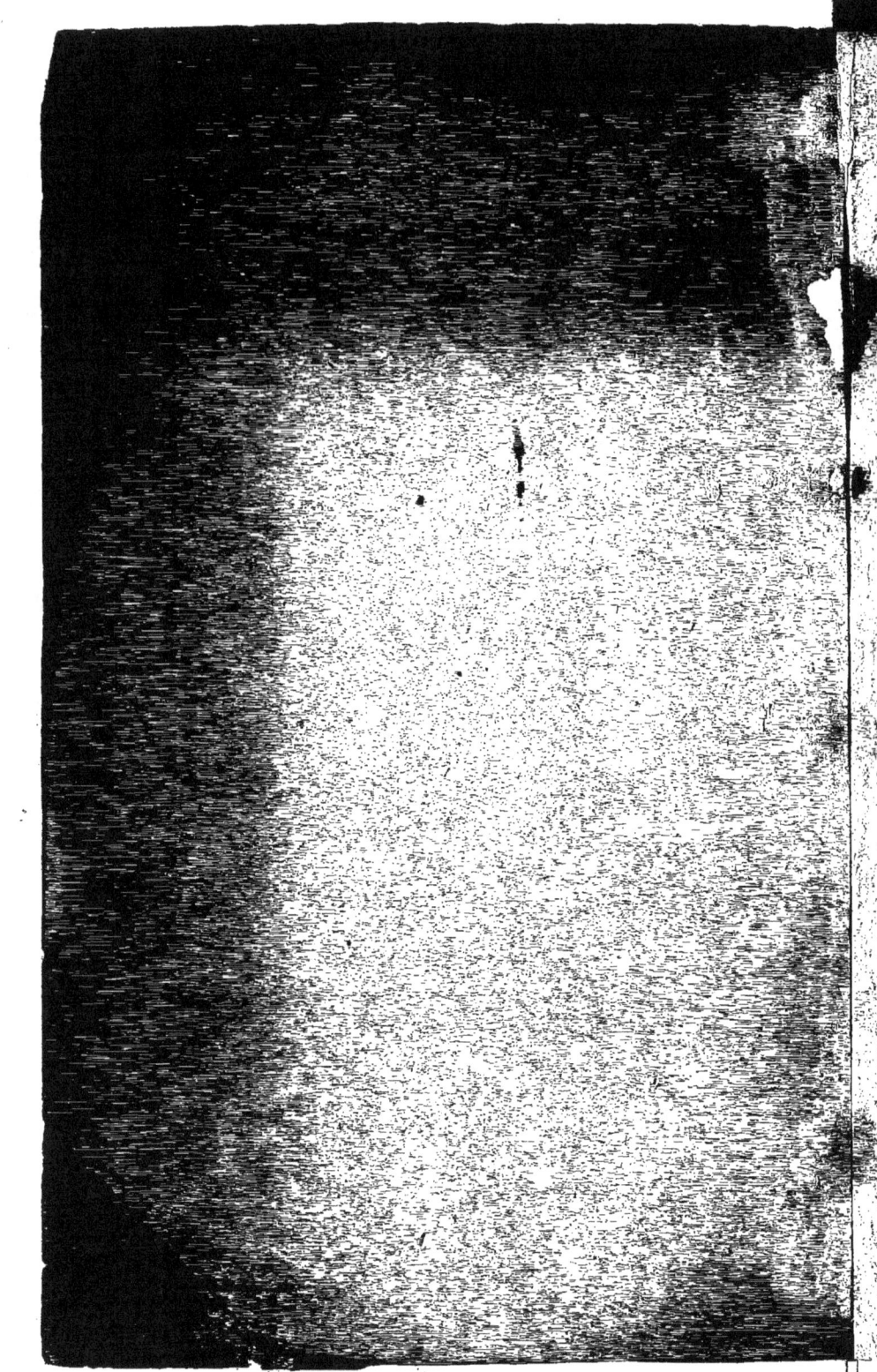

LA PRATIQUE

DE

LA TOPOGRAPHIE

PARIS. — TYPOGRAPHIE LAHURE
Rue de Fleurus, 9

PUBLICATION DE LA RÉUNION DES OFFICIERS

LA PRATIQUE

DE

LA TOPOGRAPHIE

VULGARISÉE

AU MOYEN DE L'ÉCHELLE-RAPPORTEUR A BOUSSOLE-ÉCLIMÈTRE

Instrument recommandé par le ministre de la guerre
pour l'enseignement de la topographie dans les corps de troupes

OUVRAGE PERMETTANT
AUX PERSONNES PEU VERSÉES DANS LES SCIENCES MATHÉMATIQUES
D'APPRENDRE SEULES LA TOPOGRAPHIE

PAR

A. TRINQUIER

Capitaine adjudant-major au 32ᵉ de ligne, instructeur à l'école de tir

PARIS

LIBRAIRIE HACHETTE ET Cⁱᵉ

BOULEVARD SAINT-GERMAIN, N° 79

1874

Droits de propriété et de traduction réservés

INTRODUCTION.

> « Tout dépend dans les expéditions militaires de la connaissance du terrain, et celui qui ne possède pas ce talent ne prend jamais de justes mesures que par hasard ; mais l'homme qui l'a acquis les trouve aisément et sans peine. »
>
> GAUDI, colonel prussien (1768).

UTILITÉ DE VULGARISER LA PRATIQUE DE LA TOPOGRAPHIE IRRÉGULIÈRE.

Parmi les connaissances militaires, la topographie occupe le premier rang, car c'est sur elle que s'appuient la fortification, la tactique et le tir, les trois branches principales de l'art de la guerre. Cette vérité n'est plus contestée depuis les derniers événements, et aujourd'hui les opinions sont unanimes à cet égard ; mais les appréciations varient, lorsqu'il s'agit de préciser la branche topographique à laquelle on doit donner la priorité et de déterminer le point de vue sous lequel on doit en envisager les applications et l'étude.

Les uns, se basant sur ce principe qu'il faut exiger beaucoup pour obtenir peu, veulent dans l'exécution de tous les levés un degré d'exactitude et de précision que comportent seuls les travaux de l'état-major et du génie.

Les autres, au contraire, trouvant l'étude de la topographie trop difficile pour la masse, veulent s'en tenir à la lecture des cartes pure et simple, craignant qu'en voulant trop exiger on n'obtienne rien.

C'est entre ces deux opinions trop extrêmes que se trouve la vérité :

Il faut laisser aux spécialistes la rédaction des cartes du dépôt de la guerre, les levés des plans de places fortes, etc., et se borner dans les corps de troupe à l'étude pratique des levés irréguliers, qui sont l'auxiliaire indispensable des petites opérations de guerre.

Quant à la lecture des cartes, elle résulte naturellement de l'exécution pratique des levés sur le terrain ; cette lecture seule ne peut suffire en campagne ; elle peut servir dans les marches et pour la préparation des grandes opérations militaires, mais non pour l'exécution des engagements journaliers.

Lorsqu'on se trouve en présence de l'ennemi, le moindre obstacle, le moindre *pli* de terrain a son importance, et les cartes ne donnent plus des détails suffisants pour le combat ; il faut alors y suppléer par l'habitude de lire la carte naturelle formée par le terrain et sur laquelle sont tracées à chaque minute les positions des belligérants, afin que, sans détourner les yeux de l'action pour consulter un dessin, on puisse suivre toutes les péripéties de la lutte et tirer parti de toutes les situations.

De là la nécessité de substituer à la lecture des cartes la pratique des levés irréguliers qui, en temps de paix, prépare les chefs de tout grade à la connaissance si importante du terrain.

Cette étude, souvent répétée, forme le coup d'œil des officiers, leur donne l'habitude d'apprécier les distances et de juger les pentes : qualité précieuse en campagne, qui les met à même de distinguer les positions principales des positions secondaires, les plateaux qui commandent les vallées, les cols et nœuds de route qu'il est nécessaire d'occuper et ceux dont il est dangereux de se servir.

La certitude que la lecture des cartes résulte de l'exécution des levés, l'insuffisance de cette lecture pour l'exécution des opérations tactiques et le rôle restreint des études théoriques de topographie régulière amènent à conclure qu'il est nécessaire et suffisant, pour les besoins ordinaires de la guerre, de *vulgariser la pratique* des levés *irréguliers*, parce qu'elle donne la faculté de lire le terrain comme une carte topographique.

NÉCESSITÉ D'UN NOUVEAU MODE D'ENSEIGNEMENT ET D'UN INSTRUMENT SPÉCIAL POUR VULGARISER L'ÉTUDE DE LA TOPOGRAPHIE (MÉTHODE EMPLOYÉE).

Il suffit d'ouvrir un traité de topographie pour être convaincu que les méthodes employées pour l'enseignement de cette science ne sont pas accessibles au plus grand nombre.

Presque tous les auteurs, en effet, commencent invariablement cette étude par les procédés géodésiques employés pour la triangulation de la carte de France ; ils passent ensuite en revue tous les instruments de levé de plans et terminent par les levés irréguliers, de sorte que le lecteur, qui ne veut apprendre que cette dernière partie, la plus importante au point de vue militaire, est obligé de passer par trois cents pages de formules, entremêlées de descriptions interminables d'instruments, pour arriver à la connaissance de quelques pages qui traitent, le plus souvent d'une manière très-imparfaite, de la partie qu'il désire apprendre.

Afin de mettre l'étude de la topographie à la portée de tous, on a renversé, dans cet ouvrage, l'ordre de ces notions et commencé par les itinéraires de marches militaires qui sont les plus faciles à exécuter.

La réunion de deux itinéraires, partant d'un même lieu et aboutissant au même point, *donne un itinéraire fermé* tel qu'en exécute une troupe en reconnaissance, lorsqu'elle revient à ses cantonnements par une route différente de celle qu'elle a prise au départ.

Les *itinéraires fermés* peuvent servir de base à toutes les études de *topographie irrégulière*, car leur groupement autour d'un point donne naturellement des levés complets, renfermant tout à la fois le canevas, la planimétrie et le nivellement.

Il est ensuite facile de passer des levés *irréguliers* aux levés *réguliers*.

Il n'y a pour cela qu'à remplacer le groupement des itinéraires par un *canevas* de triangles et à opérer avec des instruments d'une précision assez grande pour n'avoir que des erreurs dont il soit inutile de tenir compte.

En suivant cette progression, la topographie s'apprend graduellement et sans peine, en remontant du simple au composé, du facile au difficile.

Mais pour que le lecteur puisse aborder directement l'étude des levés expédiés, sans passer par les procédés scientifiques de la topographie régulière, il est nécessaire de remplacer les études théoriques par l'emploi d'un instrument pratique qui donne sans calculs tous les résultats nécessaires à la reproduction du sol.

Cet appareil, qui porte le nom d'*échelle-rapporteur à boussole-éclimètre*, est très-commode pour ceux qui savent la topographie, et facilite singulièrement la tâche de ceux qui l'ignorent. Il se divise en deux parties[1] :

1° L'*échelle-rapporteur*, qui remplace dans les opérations l'échelle, le rapporteur, le compas et la planche à dessiner, ce qui diminue l'embarras de l'emploi d'un aussi grand nombre d'instruments ;

2° La *boussole-éclimètre*, qui permet d'apprécier à simple lecture les points de passage de courbe d'une pente visée, ainsi que la longueur et l'écartement des hachures qui correspondent à cette pente, ce qui rend très-facile et très-prompt le figuré du terrain par des courbes ou des hachures.

---

1. Chacune de ces parties est décrite en détail dans le cours de l'ouvrage.

INTRODUCTION.

Le figuré du terrain a toujours été l'écueil des études de topographie dans les corps de troupe.

La planimétrie, malgré la lenteur et la complication des procédés employés, pouvait être apprise; mais les difficultés que présente le nivellement n'ont pu être vaincues, à cause du manque d'instruments *techniques* pouvant guider l'opérateur dans le tracé des courbes du nivellement.

Cependant quelques personnes, très-versées dans la pratique de la topographie, assurent qu'un simple déclinatoire et une règle triangulaire suffisent pour faire un levé irrégulier.... Oui! quand on sait la topographie; mais pour l'apprendre?

L'expérience démontre, au contraire, que les progrès en topographie sont d'autant plus rapides, que l'instrument employé est plus approprié au genre d'étude auquel on se livre. Cette vérité a reçu une nouvelle sanction par l'usage de l'*échelle-rapporteur à boussole-éclimètre*, qui a tellement simplifié la planimétrie et rendu si aisée l'exécution du nivellement, que, sur dix élèves pris au hasard, il y en a huit qui lèvent habituellement seuls avant la quatrième séance.

Cette méthode toute pratique permet, comme on le verra ci-après, de réunir en une seule les trois opérations du canevas, du levé de détail et du nivellement, et donne la rapidité d'exécution nécessaire aux levés irréguliers.

Le carton sur lequel est fixée l'échelle-rapporteur recouverte d'une feuille de papier, sans autre accessoire qu'un crayon, forme un ensemble qui remplit les conditions de simplicité, de légèreté et de commodité de transport, nécessaires aux appareils de campagne.

Enfin, l'emploi de cet instrument permet aux officiers et sous-officiers de toutes armes d'apprendre à saisir les terrains, apprécier les distances, juger les pentes, etc., qualités précieuses en campagne, et de pouvoir, au besoin, aider les officiers d'état-major dans les levés de détail de leurs grands travaux topographiques.

EMPLOI DU DESSIN TOPOGRAPHIQUE.

L'étude pratique de la topographie doit avoir principalement pour but les levés sur le terrain; mais il ne faut pas négliger pour cela le dessin topographique, qui leur sert d'auxiliaire; car il est indispensable de connaître les signes conventionnels qui servent à représenter les diverses parties du sol, afin de pouvoir les reproduire par les notations qui leur conviennent.

Le meilleur moyen de se familiariser avec les formes conventionnelles employées, c'est d'apprendre à les tracer avec régularité et netteté en copiant des modèles de topographie.

Cet exercice, sur lequel repose la mise au net des dessins, peut encore servir à préparer aux opérations exécutées sur le terrain, et à rendre plus aisée la démonstration pratique du nivellement dans un ouvrage.

Pour cela, au lieu de partager le modèle à copier en petits carrés et de le faire dessiner à vue comme une image, ainsi que cela se pratique habituellement, on fait exécuter cette reproduction par des opérations analogues à celles qu'on veut employer dans les levés réels.

L'élève suit ainsi successivement, sur le dessin qu'il copie, et à mesure qu'il les applique, les diverses opérations du nivellement qui lui sont expliquées dans le livre. Il se familiarise avec leur application et se les assimile aisément. Ce résultat serait presque impossible à obtenir, si ces opérations étaient expliquées par la description seule, au lieu de l'être sur un dessin que l'écrivain et le lecteur ont successivement sous les yeux.

Ce procédé a été employé dans ce qui suit pour la démonstration pratique du nivellement, et il a rendu cette étude extrêmement facile. Malgré cela, cette partie si impor-

SIGNES CONVENTIONNELS

20,000ᵉ	80,000ᵉ
Route nationale	Route nationale
Route départementale	Route départementale
Chemin de grande communication	Chemin de grande communication
Chemin de moyenne communication	Chemin de moyenne communication
Chemin vicinal	Chemin vicinal
Chemin de fer	Chemin de fer
Canal	Canal
Limite d'État	Limite d'État
Limite de département	Limite de département
Limite d'arrondissem.ᵗ	Limite d'arrondissem.ᵗ
Limite de canton	Limite de canton
Limite de commune	Limite de commune

Bois — Prés — Vignes — Marais

Hachette & Cⁱᵉ

tante de la topographie a été l'objet d'une attention toute particulière, et a été expliquée avec plus de détails que la planimétrie. On a essayé d'en rendre l'*application* aussi claire que possible, en résolvant d'avance sur le papier tous les cas particuliers qui peuvent se présenter dans la pratique, afin que l'opérateur ne soit pas embarrassé une fois qu'il est sur le terrain et puisse rapporter n'importe quel mouvement qu'il rencontrera à une forme connue d'avance dont il sait faire le profilement.

On a joint à l'ouvrage beaucoup de planches et de dessins, étant persuadé qu'elles expliquent mieux les choses que les plus amples descriptions.

En résumé, la méthode exposée dans cet ouvrage diffère de la méthode ordinaire en ce que :

1º On a renversé l'ordre de l'enseignement topographique et commencé par les itinéraires ;

2º On a remplacé la triangulation ordinaire par un canevas d'itinéraires fermés ;

3º On a utilisé la copie des modèles pour préparer aux opérations du nivellement.

Le livre a été écrit le plus simplement possible ; on a mis en notes et en petits caractères les explications complémentaires qui ont paru nécessaires à la démonstration des préceptes indiqués.

Les personnes peu versées dans l'étude de la topographie pourront les passer à une première lecture et n'en aborder l'étude que si elles veulent augmenter leurs connaissances théoriques en topographie. Les notes sont surtout faites pour les instructeurs et ne sont pas nécessaires à connaître quand on veut se borner à l'étude pratique des levés.

LA PRATIQUE
DE
LA TOPOGRAPHIE.

NOTIONS GÉNÉRALES.

On donne le nom d'*itinéraire* au levé topographique d'une route et du terrain qui l'avoisine à 500 mètres à droite et à gauche.

L'exécution des itinéraires comporte deux opérations disinctes : la *planimétrie* ou le *plan*, qui consiste à reproduire sur le papier le tracé des routes, chemins, haies, ruisseaux, maisons, etc., sans tenir compte de leur élévation au-dessus du sol, et le *nivellement* ou *relief topographique*, qui est la reproduction des ondulations des terres au moyen de courbes ou de hachures. <small>Définition de la planimétrie et du relief.</small>

L'ensemble de ces deux opérations a pour but de donner une image du terrain, suffisamment exacte, au moyen des signes *conventionnels usités*.

La planimétrie d'un itinéraire est assez simple pour qu'on puisse en aborder directement l'exécution sur le terrain sans qu'il soit nécessaire de se familiariser d'avance avec les *signes conventionnels* employés; mais il n'en est pas de même du nivellement. Les *signes conventionnels* (courbes <small>La copie des modèles doit preceder le nivellement.</small>

ou hachures), qui donnent le relief du terrain, ont besoin d'avoir été attentivement étudiés et d'être devenus familiers à l'opérateur avant l'exécution du nivellement sur le terrain.

Il résulte de ces considérations que, pour la facilité du travail, l'étude de l'exécution complète des itinéraires doit être divisée en trois parties. Cette méthode sera observée dans ce qui suit, et cette étude comprendra trois leçons :

1re LEÇON. *Planimétrie d'un itinéraire*, mise au net du dessin.

2e LEÇON. *Étude des signes conventionnels du nivellement*, copie du nivellement d'un modèle d'itinéraire.

3e LEÇON. *Pratique du nivellement*. Levé d'un itinéraire complet sur le terrain.

Une quatrième leçon sera consacrée aux levés irréguliers, aux levés à vue et de mémoire, et aux levés réguliers.

Emploi de l'échelle-rapporteur à boussole-éclimètre.

La *planimétrie*, le *nivellement* et le *dessin des itinéraires* se font au moyen de l'*échelle-rapporteur à boussole-éclimètre*. Cet instrument se compose de trois parties :

La *boussole*, qui sert à mesurer les angles sur le terrain ;

L'*éclimètre*, servant de couvercle à la boussole, qui donne tout ce qui est relatif au nivellement ;

L'*échelle-rapporteur*, qui permet de reporter sur le dessin toutes les dimensions mesurées sur le terrain [1], et remplace dans le tracé graphique l'échelle, le rapporteur, le compas et la règle, ce qui diminue l'embarras et la perte de temps qui résultent de l'emploi d'un aussi grand nombre d'instruments.

---

[1]. La description de chacune de ces parties aura lieu à mesure qu'il sera nécessaire de les employer.

PREMIÈRE LEÇON.

PLANIMÉTRIE DES ITINÉRAIRES.

Le levé du plan des itinéraires se fait au pas[1] au moyen de la boussole et de l'échelle-rapporteur recouverte d'une feuille de papier calque. Un crayon, un canif, un morceau de gomme constituent tous les accessoires nécessaires.

Cette leçon comprend trois chapitres :

CHAPITRE I. — *Description et usage des instruments.*
CHAPITRE II. — *Exécution de la planimétrie des itinéraires.*
CHAPITRE III. — *Mise au net des dessins.*

---

[1]. Les longueurs seront souvent données sur les routes par les bornes kilométriques. A leur défaut, l'opérateur les mesurera au pas : une habitude facile à acquérir lui donnera le pas régulier. Nous le supposons égal dans ce qui suit à $0^m,80$. Lorsque le pas de l'opérateur s'écartera trop de cette mesure, il réduira en mètres le nombre de pas mesuré et rapportera le nombre de mètres trouvé en se servant de l'échelle métrique du rapporteur, ainsi qu'il est expliqué page 17.

CHAPITRE I.

DESCRIPTION ET USAGE DES INSTRUMENTS.

1° BOUSSOLE.

Description et usage de la boussole.

La boussole se compose d'une boîte dans laquelle est enchâssée une aiguille aimantée mobile autour d'un pivot. La pointe bleue de cette aiguille se dirige toujours vers le *nord*[1] et parcourt la circonférence d'un cercle dont le centre est le pivot sur lequel elle se meut. Ce cercle est gradué en 360°, comme le limbe de l'échelle-rapporteur, et dans le même sens que lui.

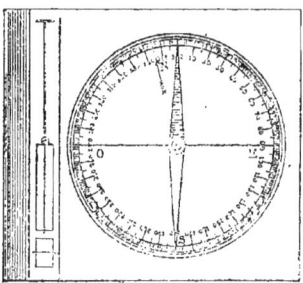

Fig. 1.

Une alidade, AB A'B' (fig. 46, p. 51), placée sur la boussole parallèlement à la ligne nord-sud, ou *ligne de foi* de l'instrument, sert à viser et à placer la *ligne de foi* de la boussole dans la direction de la ligne visée.

La boussole sert à mesurer l'angle qu'une ligne quelconque du terrain fait avec la ligne nord-sud ou *méridienne* du lieu. Cet angle s'appelle *azimut*.

---

1. La pointe bleue de l'aiguille aimantée ne se dirige pas vers le nord vrai, mais vers le nord magnétique. L'écart entre la direction de la méridienne et la direction de l'aiguille aimantée s'appelle déclinaison. Il est variable et est aujourd'hui d'environ 17° à l'ouest. D'ailleurs nous n'en tiendrons pas compte dans les opérations qui suivent.

Manière de prendre les azimuts.

Pour prendre l'azimut d'une ligne, on tient la boussole ouverte et à peu près horizontale avec la main gauche, la *fente verticale* de l'alidade près de l'œil droit, le bouton de l'arrêtoir sous l'index de la main droite.

On regarde avec l'œil droit, en fermant l'œil gauche, à travers la fente verticale de la première pinnule, et on place le fil vertical de la fenêtre opposée dans la direction à mesurer : on presse alors le bouton de l'arrêtoir R (fig. 46, p. 51). L'aiguille, se trouvant poussée contre le verre,

Manière de se servir de la boussole.

Fig. 2. Position de l'opérateur dans la mesure des azimuts.

reste immobile et sa pointe bleue donne l'azimut cherché[1].

[1]. Lorsqu'on place la boussole de manière que l'aiguille bleue soit sur le 0°, le diamètre 0°-180° ou ligne de foi est dans la direction nord-sud du terrain comme l'aiguille (fig. 3). Si l'on fait alors tourner lentement la boussole vers la gauche successivement de 10, 20, 30 degrés, l'aiguille, restant toujours au nord, ne bougera pas, et les graduations 10°, 20°, 30°, etc., du limbe vien-

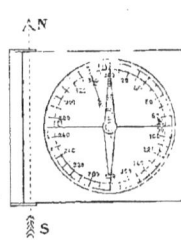
Fig. 3.

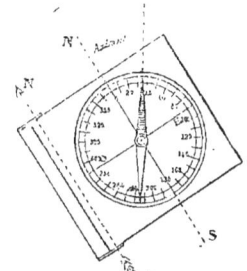
Fig. 4.

dront, l'une après l'autre, se placer sous la pointe bleue de l'aiguille, à mesure que le diamètre 0°-180° de la boussole fera un angle (azimut) de 10°, 20°, 30°, avec la direction primitive (fig. 4).

L'alidade de la boussole étant parallèle à la ligne de foi, il est évident qu'il suffit de viser, avec cette alidade, dans une direction pour avoir, sous la pointe bleue de l'aiguille, l'azimut de la ligne visée.

14   LA PRATIQUE DE LA TOPOGRAPHIE.

2° ÉCHELLE-RAPPORTEUR.

Description et usage de l'échelle-rapporteur.   L'échelle-rapporteur (fig. 5) se compose d'un cercle ou disque en carton B fixé sur une tablette A, et pouvant, au gré de l'opérateur, tourner dans tous les sens autour de son centre.

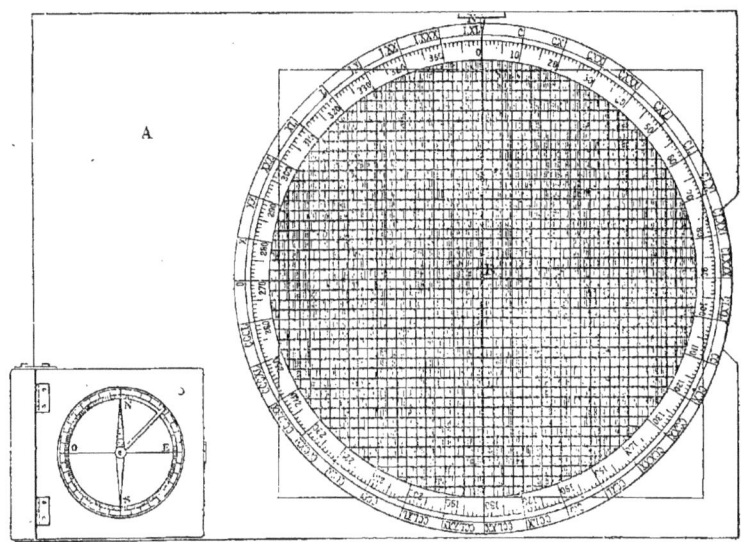

Fig. 5.

Le limbe, qui forme le bord de ce disque, est divisé en 360° dans le même sens que le limbe de la boussole. Il porte deux séries de chiffres : les chiffres noirs, servant lorsqu'on opère au pas ; les chiffres rouges, lorsqu'on reporte des distances mesurées au mètre[1].

Toute la surface intérieure de ce cercle est quadrillée par un double système de lignes rouges et noires. Les lignes noires sont espacées, entre elles, de 1 millimètre. Les lignes

---

1. Dans la figure 5 qu'on n'a pu imprimer en rouge, les chiffres arabes représentent les chiffres noirs de l'échelle-rapporteur servant aux élèves, et les chiffres romains remplacent les chiffres rouges. Dans le quadrillage les grosses li-

LA PRATIQUE DE LA TOPOGRAPHIE. 15

rouges, qui les coupent perpendiculairement, sont distantes l'une de l'autre de $\frac{8}{10}$ de millimètre, c'est-à-dire 1 millième de pas ou un millipas[1]. Chaque cinquième parallèle, un peu plus foncée que les autres, facilite la lecture.

Un index N indique le nord.

Pour disposer l'instrument prêt à opérer, on place au-dessus du disque une feuille de papier blanc, assez mince pour laisser apercevoir au-dessous le quadrillage rouge et noir de l'échelle-rapporteur. On pique ou on colle la feuille aux quatre coins sur la tablette A, de manière que l'un des bords du papier soit parallèle à l'un des bords de la tablette A.

L'échelle rapporteur, ainsi recouverte par une feuille de papier mince, remplace dans l'opération l'échelle, le rapporteur et le compas. Elle sert à reporter sur le papier :
1° les azimuts des directions visées avec la boussole;
2° les distances mesurées au pas.

Report des azimuts avec l'échelle-rapporteur.

Pour tracer sur le papier et par un point donné, A, une direction du terrain dont l'azimut a été trouvé de 27° par exemple, on place la tablette de l'échelle-rapporteur contre le corps, l'index en avant, la boussole à gauche, et la main gauche placée à côté de l'index, tenant le carton fixé contre le corps. On saisit ensuite avec la main droite le disque de l'échelle-rapporteur, vis-à-vis de l'échancrure de la tablette, et on le fait tourner avec le pouce, jusqu'à ce que la graduation noire 27° se trouve sous l'index : la ligne de foi de l'échelle-rapporteur et tou-

Fig. 6. Position de l'opérateur dans le report des azimuts et des distances.

Report des azimuts.

gnes pleines entre lesquelles il existe des lignes fines parallèles au diamètre 0-180° en chiffres arabes, représentent les lignes noires de l'échelle-rapporteur, et les grosses lignes ponctuées, parallèles au diamètre 0-180°, en chiffres romains représentent les lignes rouges.

1. Le pas employé est de 125 pas pour 100 mètres ou 80 mètres pour

tes les lignes noires qui lui sont parallèles sont alors dans la direction visée avec la boussole[1]. Il n'y a donc qu'à tracer avec le crayon la ligne noire de l'échelle-rapporteur, qu'on aperçoit, au-dessous de la feuille transparente, passant par le point donné; ou de mener une parallèle à la plus voisine pour avoir la direction cherchée.

Report des distances mesurées au pas (au $\frac{1}{10000}$).

L'opérateur ayant tracé la direction A B, et ayant mesuré au pas la distance du point A au point B, placera les lignes noires de l'échelle-rapporteur dans la direction A B; et comme les lignes rouges sont espacées de 10 pas, on n'aura qu'à compter, sur la directrice qui passe par le point A, autant de lignes rouges qu'il y a de fois 10 dans le nombre des pas mesurés de A en B[2] pour avoir le point B.

Report des distances au mètre.

Si la distance était mesurée au mètre, comme cela arrive sur les routes kilométrées, on placerait les *lignes rouges* de l'échelle-rapporteur dans la direction visée, en amenant la *graduation rouge* 27° vis-à-vis le nord ou index de la tablette; et comme les lignes noires sont espacées de 10 mètres, on placerait le point B en prenant sur la directrice rouge (lignes ponctuées) qui passe par le point A autant de lignes noires qu'il y aurait de fois 10 dans le nombre de mètres qui se trouvent entre A et B.

Ces notions suffisent pour les levés de plans; mais, avant d'aller sur le terrain, il est nécessaire de s'être familiarisé avec la manière de mesurer et tracer les directions, mesurer et reporter les distances.

100 pas. Lorsque le pas diffère trop de ces dimensions, on en tient compte dans l'échelle ou on réduit les pas en mètres.
1. Voir pour la démonstration la note de la page 80.
2. Si on avait par exemple 150 pas, on prendrait 15 lignes rouges, c'est-à-dire 3 grosses lignes rouges espacées de 50 pas chacune. — A l'échelle de $\frac{1}{20000}$ on prendrait autant de lignes rouges qu'il y aurait de fois 20 pas dans le nombre de pas mesurés.

CHAPITRE II.

EXÉCUTION D'UN ITINÉRAIRE (PLANIMÉTRIE) A L'ÉCHELLE DE 1/10 000 [1].

Orientation. — L'opérateur, muni d'un crayon, d'un canif, d'un morceau de gomme, et ayant recouvert l'échelle-rapporteur d'une feuille de papier calque (p. 14), se rendra sur la route à lever. Arrivé au point de départ, il s'orientera. A cet effet, il mettra la tablette contre le corps, l'index du rapporteur en avant, de la manière indiquée (p. 15), et tournera sur lui-même, en laissant la tablette dans la même position, jusqu'à ce qu'il soit face au nord du terrain; ce qu'il reconnaîtra lorsque l'aiguille aimantée coïncidera avec la ligne nord-sud du fond de la boussole, la pointe bleue sur le nord, car le nord est toujours indiqué par la pointe bleue de l'aiguille aimantée.

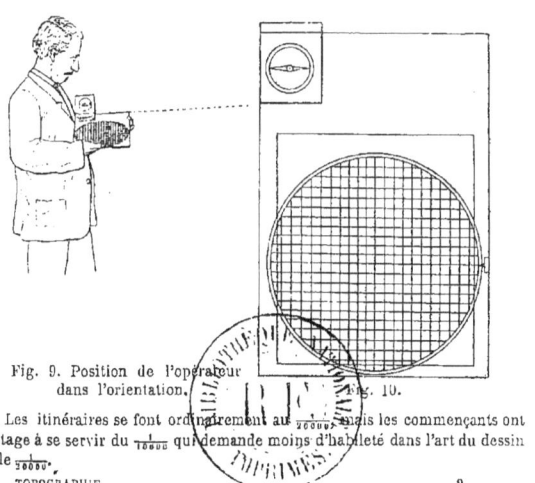

Fig. 9. Position de l'opérateur dans l'orientation. — Fig. 10.

1. Les itinéraires se font ordinairement au $\frac{1}{20000}$, mais les commençants ont avantage à se servir du $\frac{1}{10000}$ qui demande moins d'habileté dans l'art du dessin que le $\frac{1}{20000}$.

18   LA PRATIQUE DE LA TOPOGRAPHIE.

Levé de la route.

Tracé du point de départ.

Après s'être orienté, il tracera sur le dessin le point de départ où il est placé, dans une position à peu près semblable à celle que ce point occupe sur le terrain, c'est-à-dire que, si, comme dans l'exemple ci-dessous, le point de départ est au sud et à l'ouest du terrain, on placera le point du dessin qui le représente vers le coin inférieur gauche de la feuille, du côté opposé à la direction générale qu'on veut suivre.

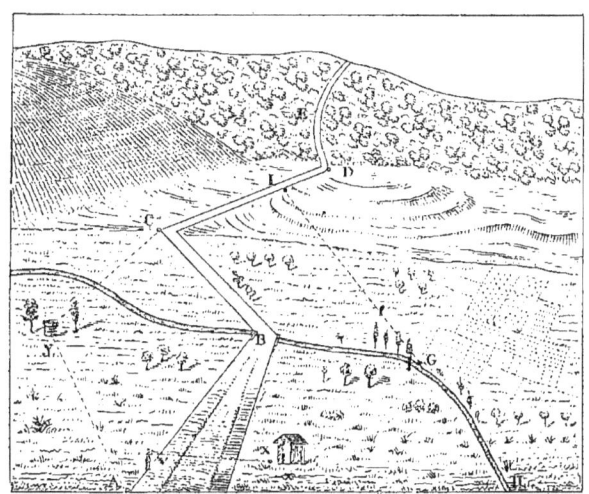

Fig. 11.

Tracé de la route.

Le point de départ A (fig. 11) une fois placé en *a* (fig. 12), l'opérateur se met dans la direction A B de la route (fig. 11), et détermine l'azimut de cette ligne d'après ce qui a été dit (p. 13), soit, par exemple, 375°.

Il fait alors tourner le disque de l'échelle-rapporteur, jusqu'à ce que le chiffre 375° arrive sous l'index (p. 15). Et il trace la direction *a b* sur le papier (fig. 12).

LA PRATIQUE DE LA TOPOGRAPHIE.   19

La direction ab tracée, on mesure au pas la distance du point de départ A au premier tournant B de la route; et arrivé en B, on reporte cette distance sur le dessin, en prenant à partir de a autant de lignes rouges qu'il y a de fois 10 dans le nombre de pas compté.

Le point b placé, on dessine deux traits pour indiquer la route ab; et, du point B où l'on s'est alors transporté, on mesure l'azimut de BC. On trace de la même manière la direction bc. On chemine jusqu'au point C, que l'on place sur le dessin par les mêmes procédés que le point B.

On continue ainsi à cheminer sur la route, en déterminant à chaque coude la nouvelle direction du chemin, et plaçant chaque tournant d'après le nombre de pas qui le sépare du tournant précédent.

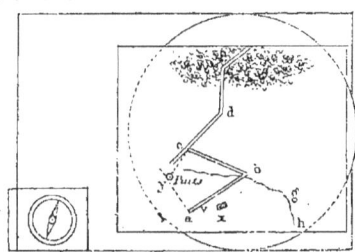

Fig. 12.

La maison X, située à droite de la route à moins de 50 mètres de distance, se détermine au moyen de la distance de AV mesurée au pas, et de la grandeur VX appréciée à vue et reportée de même sur le dessin.

Levé des points situés à moins de 50 mètres à droite et à gauche.

Les objets situés à plus de 50 mètres, mais à moins de 500 mètres de la route suivie, sont levés par une méthode expéditive (appelée méthode par intersection) qui permet de déterminer la position de ces points sans quitter la route sur laquelle on chemine. Le puits Y, par exemple (fig. 11), sera placé en prenant du point A la direction AY, et du point C la direction CY, et en reportant ces deux directions sur le papier, l'une au point a, l'autre au point c. L'intersection de ces deux lignes sur le papier donne la position du puits y.

Levé des points situés entre 50 et 500 mètres.

Méthode par intersection.

Directions en dehors de la route.

La direction B G du ruisseau sera prise du point B. Du point I situé sur le prolongement de G H, on déterminera la direction I'G H, dont l'intersection avec B G (fig. 11, p. 18) en G donnera le coude B G H, reproduit en *b g h*.

Procédés employés lorsque la feuille ne peut contenir tout le dessin.

Lorsque, par suite du mauvais placement du point de départ ou de l'exiguïté de la feuille, le tracé de la route sortira du cadre du dessin, on lèvera la route par tronçons,

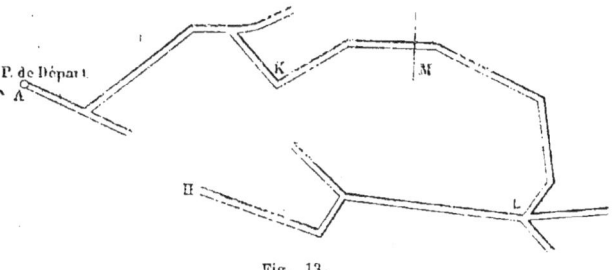

Fig. 13.

que l'on raccordera ensuite sur une feuille plus grande. Ainsi, en supposant qu'on eût à exécuter sur une feuille trop étroite, au $\frac{1}{20000}$, un itinéraire ayant la forme ci-dessus (fig. 13), on l'exécuterait en deux parties AKM, MLH, que

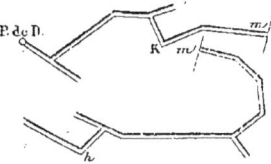

Fig. 14.

l'on placerait l'une au-dessous de l'autre, comme dans la figure 14

CHAPITRE III.

MISE AU NET DES DESSINS.

    La mise au net des dessins exécutés sur papier calque se fait au moyen d'un instrument en bois qui permet de dessiner sur papier opaque et que nous appellerons T rapporteur, pour le distinguer de l'échelle-rapporteur qui sert à opérer sur papier transparent.

T rapporteur usage et description.

    Cet instrument est d'une grande précision; il peut être employé avec avantage pour les levés réguliers, les dessins de fortification, d'architecture, etc., et en général avec toute espèce de tracés graphiques. Il donne une rapidité d'exécution supérieure à tous les instruments du même genre, et a sur le rapporteur les mêmes avantages que le T ordinaire sur l'équerre et la règle, c'est-à-dire qu'il permet aux personnes peu habituées aux opérations graphiques de dessiner avec précision et netteté, beaucoup plus facilement que les instruments habituels. On peut s'en servir avec toute espèce de planchettes et en particulier avec la planchette de campagne décrite page 70.

    Nota. — Dans la copie des modèles, comme dans les levés réels, l'emplacement des objets est déterminé mathématiquement, mais la forme de ces objets est en topographie représentée par des signes de convention. Les élèves devront copier littéralement ceux qui se trouvent sur les modèles et se reporter à la planche (signes conventionnels) à la fin de l'ouvrage lorsqu'ils n'en comprendraient pas parfaitement la signification.

T rapporteur.

Le T rapporteur se compose d'un rapporteur et d'une règle unis ensemble par un pivot commun.

Le rapporteur est un demi-cercle en bois dont la circonférence est graduée en degrés. Il peut se mouvoir parallèlement à son diamètre, au moyen d'une directrice qui glisse sur le côté de la planche ou du carton sur lequel est tracé

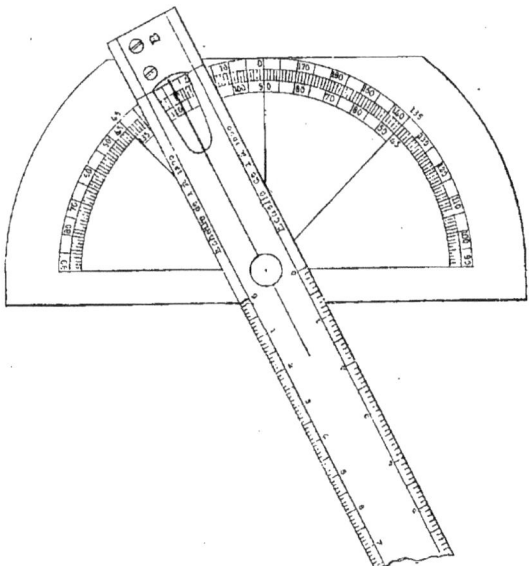

Fig. 15.

le dessin. Ce demi-cercle porte deux séries de chiffres : l'une extérieure aux graduations numérotées de 0° à 90° et de 90° à 180°; l'autre intérieure, complémentaire de la première, graduée de 45° à 135°.

La règle est une échelle en bois, graduée des deux côtés et mobile autour du centre du rapporteur. Un ressort sert à fixer la règle dans une position déterminée.

LA PRATIQUE DE LA TOPOGRAPHIE.   23

Pour opérer avec l'instrument, on le place contre le bord de la planche qui porte la feuille sur laquelle on doit dessiner, et on saisit le rapporteur entre le pouce et les trois derniers doigts de la main droite, l'index contre l'extrémité de la règle (fig. 16).

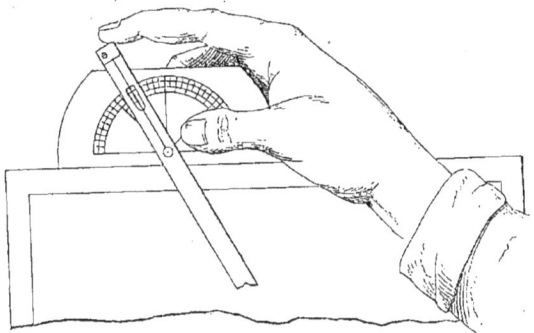

Fig. 16.

L'opérateur fait ensuite tourner la règle, en la poussant avec le premier doigt jusqu'à ce qu'elle soit sur la graduation de l'azimut à reporter. Il fait ensuite glisser l'instrument contre le bord de la planche, jusqu'à ce que la règle passe par le point suivant lequel la ligne doit être tracée. Cette ligne étant tracée, on porte sur son parcours la longueur lue sur l'échelle-rapporteur [1].

---

1. Le T rapporteur sert aussi pour opérer (sur le terrain) directement sur papier opaque, et à reporter successivement les azimuts mesurés avec la boussole et les distances mesurées au pas.

Cet instrument est surtout avantageux pour les levés à cheval, à cause du point d'appui que la règle offre à la main pour tracer les directions.

Dans ce cas, une lame de cuivre qui fait ressort maintient le T rapporteur contre le carton ou la planche à dessiner, de manière qu'après avoir fait glisser l'instrument jusqu'au point voulu, on puisse, sans que la règle change de place, le lâcher de la main droite, qui devient libre pour tracer la direction.

Pour reporter, par exemple, un azimut de 22°, il faut amener la lame de cuivre qui occupe le milieu de l'ouverture de la règle du T (ligne de foi) (fig. 15) sur la graduation *extérieure* 22°, placer ensuite la marge du rapporteur sur l'un des grands côtés de la planche et faire glisser l'instrument jusqu'à ce que la règle passe par le point donné (fig. 17).

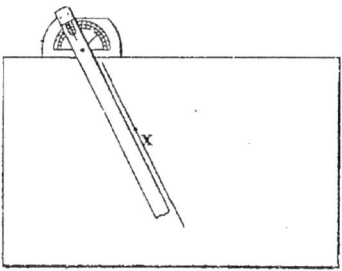

Fig. 17.

Pour tracer par le même point une droite faisant avec la méridienne de la planche un angle de 120° par exemple, on

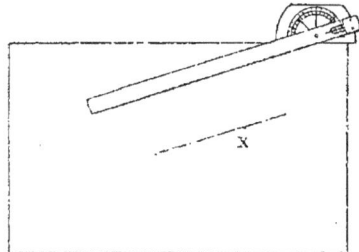

Fig. 18.

peut opérer comme ci-dessus en plaçant la ligne de foi sur 120°; mais il arrive alors fréquemment que la trop grande inclinaison de la règle l'empêche, malgré le glissement, d'atteindre le point donné, ainsi qu'on le voit dans la figure 18.

LA PRATIQUE DE LA TOPOGRAPHIE.   2

Dans ce cas on se servira du rapporteur complémentaire dont nous avons parlé plus haut. En général, on s'en servira toutes les fois que l'azimut ne sera pas compris entre 0° et 45° ou entre 135° et 180°. Dans le cas ci-dessus on amène la ligne de foi sur la graduation intérieure 120° qui se trouve en face de la graduation extérieure 60° (fig. 15) et on fait glisser le rapporteur contre le petit côté du carton ; on est alors certain que dans ce mouvement de glissement la règle passe par le point désigné quelle que soit sa position sur la feuille du dessin.

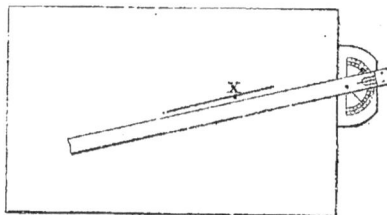

Fig. 19.

Les distances se reportent avec l'échelle de pas ou l'échelle métrique de la règle, selon que les mesures sont prises en pas ou en mètres, et se traduisent en millipas ou en millimètres[1]. *Rapport des distances.*

Nota. Lorsque le T rapporteur sert à opérer directement (sans pied) sur le terrain, le carton ou planche est tenu avec la main gauche, le T est maintenu en place par le ressort, et la main droite libre tient le crayon. Dans le cas où l'on copie un modèle, la main gauche n'ayant plus besoin de tenir la planchette maintient en place le T rapporteur, qui a ainsi plus de fixité, ce qui augmente à la fois la précision et la facilité du tracé.

---

1. L'échelle de pas du T rapporteur est graduée d'après le pas de l'opérateur, au lieu d'être graduée au pas moyen de 80 c., comme dans l'échelle-rapporteur à papier calque ; il faut donc se servir dans le report des dessins de l'échelle métrique qui est commune aux deux instruments.

26 LA PRATIQUE DE LA TOPOGRAPHIE.

MISE AU NET D'UN ITINÉRAIRE.

L'opérateur a d'un côté le disque rapporteur recouvert du levé qu'il a fait sur le terrain, de l'autre le T rapporteur et la planchette sur laquelle est fixée la nouvelle feuille.

L'emplacement du premier point est choisi de manière que l'itinéraire occupe à peu près le milieu de la feuille, par exemple le point B.

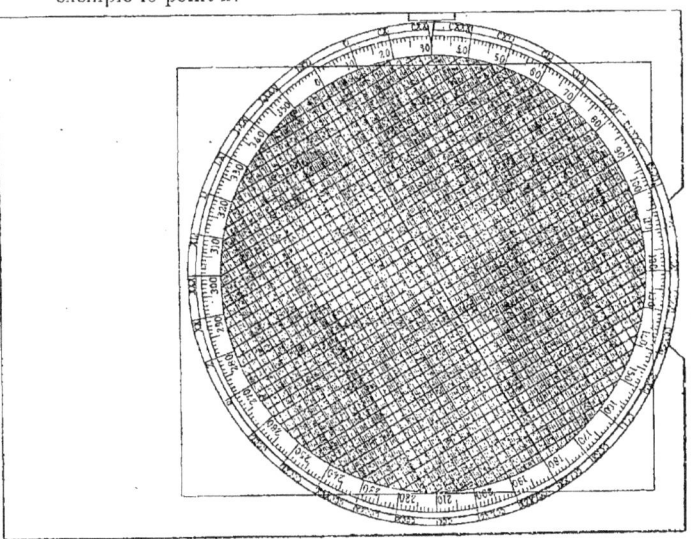

Fig. 20.

Ce point une fois déterminé, on fait tourner le *disque rapporteur* jusqu'à ce que les lignes *rouges* soient dans la direction $b\ c$. La graduation rouge 120° du limbe se trouve alors sous l'index N.

On trace ensuite sur la feuille opaque (fig. 21) par le point B une droite ayant un azimut de 30° (ainsi qu'il est indiqué page 25). L'opérateur compte ensuite le nombre de *millimètres* compris entre b et c et reporte cette distance de B en C.

Il fait ensuite tourner le disque pour avoir l'azimut de $c\ d$, qu'il trace en C D, etc.

LA PRATIQUE DE LA TOPOGRAPHIE.   27

Les objets importants situés à droite et à gauche sont reportés de la manière suivante : 1° la maison k est placée par la distance $c\,j$ mesurée sur $c\,j$ et par $j\,k$ appréciée à vue.

2° Le moulin m est déterminé au moyen de la direction et de la distance $e\,m$, prises au moyen du disque rapporteur.

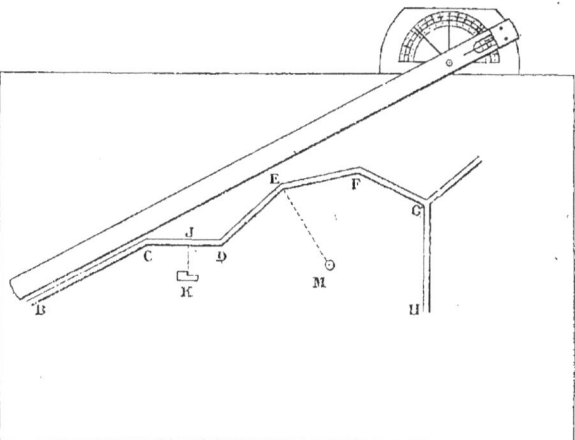

Fig. 21.

Lorsqu'un itinéraire est plus grand que la feuille qui a servi à le lever, on met au net le dessin en prenant une feuille opaque assez grande pour le contenir tout entier. On peut aussi recopier le dessin à une échelle plus petite, habituellement $\frac{1}{2}$, $\frac{1}{3}$, $\frac{1}{4}$ de celle du levé.

Dans le premier cas, après avoir tracé la partie $k\,m$ (fig. 14, page 20), on continue le report au point m de la partie $m\,h$.

Dans le second cas, on reporte les azimuts de la même manière, mais on réduit les distances à $\frac{1}{2}$, $\frac{1}{3}$, $\frac{1}{4}$, etc.

DEUXIÈME LEÇON.

ÉTUDE DES SIGNES CONVENTIONNELS DU NIVELLEMENT.

Ainsi qu'on a pu s'en rendre compte dans la leçon précédente, la planimétrie d'un itinéraire est assez simple pour qu'on puisse en aborder directement l'exécution sur le terrain sans qu'il soit nécessaire de se familiariser d'avance avec les *signes conventionnels* employés; mais il n'en est pas de même du nivellement, et il est presque impossible d'en aborder l'étude directe si l'on n'est pas déjà initié aux règles d'après lesquelles est faite en France la représentation du relief du sol.

Il n'est pas moins important de s'habituer à construire le *squelette* topographique des divers mouvements de terrain, au moyen de *profilements*, et de s'exercer à dessiner avec netteté les courbes et les hachures dont on fait usage.

L'étude préparatoire des signes conventionnels du nivellement sera divisée en trois parties ou chapitres :

CHAPITRE I. — *Théorie succincte du nivellement.*
CHAPITRE II. — *Profilement des divers mouvements de terrain.*
CHAPITRE III. — *Exécution graphique de la copie d'un modèle d'itinéraire.*

CHAPITRE I.

THÉORIE SUCCINCTE DU NIVELLEMENT.

La forme du terrain se représente conventionnellement au moyen de courbes ou de hachures; mais comme le plus souvent les hachures ne se dessinent pas directement et qu'elles ne sont faites qu'après les courbes de nivellement, entre lesquelles elles sont tracées, nous commencerons par indiquer comment on représente les ondulations du sol au moyen des courbes.

On définit les courbes de niveau, les intersections de la surface du terrain avec des plans horizontaux équidistants. Nous allons essayer d'expliquer cette définition technique par un exemple : supposons une carafe en verre, en forme de gourde (fig. 22), complétement remplie d'eau et couchée

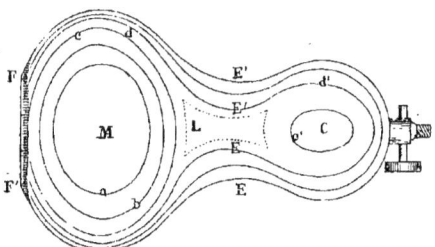

Fig. 22.

horizontalement dans toute sa longueur. Un robinet placé à l'orifice permet de la vider à volonté.

Carafe topographique.

Si on ouvre le robinet jusqu'à ce que l'eau ait baissé de 1 centimètre, par exemple, le niveau de l'eau tracera sur le verre du récipient la courbe (a). Si l'on abaisse de nouveau de 1 centimètre la surface du liquide, elle tracera sur la carafe la courbe (*b*). En diminuant encore la hauteur de l'eau de 1 centimètre, on obtiendra les deux courbes *c* et *c'*.

Le niveau de l'eau descendant encore de 1 centimètre, le liquide se trouvera au-dessous de l'étranglement du col de la gourde, et la surface de l'eau tracera sur la bouteille une seule courbe fermée (*d d'*). Lorsque le niveau de l'eau arrivera à la hauteur du 5ᵉ centimètre, la courbe nivellatrice sera fermée à l'avant, et terminée à l'arrière par le fond en ligne droite de la carafe. Il en sera de même de toutes les autres courbes formées par le liquide chaque fois que le niveau descendra de 1 centimètre.

L'ensemble de ces courbes donnera le plan topographique de la carafe. En traçant, entre ces courbes, des hachures *normales*[1], espacées l'une de l'autre du $\frac{1}{4}$ de leur hauteur, on aura le relief.

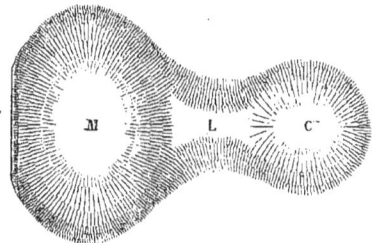

Fig. 23.

Les courbes de niveau tracées sur la carafe topographique représentent toutes les formes de terrain possibles. La partie postérieure M est ce qu'on appelle le sommet ou mamelon.

La partie antérieure C représente la croupe.

Les courbes situées des deux côtés de l'étranglement du col de la gourde E et E' montrent des gorges ou vallées.

La partie supérieure de l'étranglement qui est ponctuée en L indique un col.

Formes affectées par le terrain.

---

1. La normale à une courbe en un point est la perpendiculaire à la tangente à cette courbe en ce point.

32   LA PRATIQUE DE LA TOPOGRAPHIE.

Le fond F F' de la carafe donne l'idée de la manière dont on rend une pente à pic ou escarpement.

On remarquera que les courbes sont d'autant plus rapprochées que les parties sur lesquelles elles se trouvent sont plus inclinées. Et par suite les hachures qui correspondent à ces pentes sont d'autant plus petites que les inclinaisons qu'elles représentent sont plus voisines de la verticale.

Équidistance. La quantité constante de 1 centimètre dont on a fait varier successivement le niveau de l'eau, est ce qu'on appelle l'équidistance.

Sur le terrain à l'échelle de $\frac{1}{10000}$, on prend pour équidistance une hauteur de 5 mètres[1]. Ainsi les courbes de niveau sont tracées sur le terrain à 5 mètres au-dessous les unes des autres, de la même manière que les courbes de la carafe sont à 1 centimètre plus bas l'une que l'autre.

Des courbes analogues à celles formées par le niveau de l'eau sur la carafe topographique peuvent être tracées par points sur le terrain au moyen d'un niveau[2].

Tracé des courbes sur le terrain. Pour tracer la première courbe, on vise avec l'alidade du niveau successivement dans diverses directions, et on joint entre eux les points d'intersection A B C D E F de ces rayons visuels avec le sol.

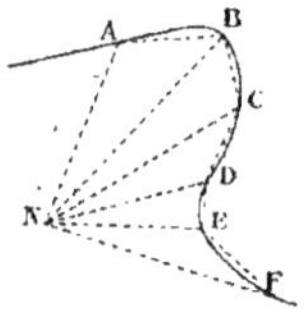

La ligne ainsi obtenue est une courbe de nivellement, car les points qui ont servi à la tracer se trouvent tous à la même hauteur que l'instrument et par conséquent de niveau entre eux.

Fig. 24.

Report sur le papier. Le levé de ces points se fait en cheminant de l'un à l'autre (page 18), comme s'il s'agissait d'un itinéraire. Ils sont reportés sur le papier avec l'échelle-rapporteur et joints par une courbe continue qui est la reproduction de la courbe de niveau déterminée sur le terrain.

1. L'équidistance *naturelle*, c'est-à-dire l'écartement des courbes sur le terrain, varie avec l'échelle ; elle est de 5 mètres à l'échelle de $\frac{1}{10000}$, de 10 mètres à celle de $\frac{1}{20000}$, de 20 mètres à celle de $\frac{1}{40000}$, de $2^m,50$ à celle de $\frac{1}{5000}$, etc.
2. Le nom seul de l'instrument en indique l'objet ; il y a plusieurs espèces

LA PRATIQUE DE LA TOPOGRAPHIE.

Cinq mètres plus bas que la première station, on recommence l'opération, et on obtient une deuxième courbe équidistante de 5 mètres de la première. Toutes les autres courbes se tracent successivement de la même manière que la deuxième.

Pour obtenir sur le terrain des points situés à 5, 10, 15, 20, etc., mètres au-dessus les uns des autres, on emploie un procédé appelé *profilement des pentes*.

Les profilements se font de deux manières : 1° avec un *niveau*; 2° avec un *éclimètre*[1].

Pour exécuter avec un niveau dont la hauteur au-dessus du sol est de 1 mètre un profilement à l'équidistance de 5 mètres, on détermine sur la pente à profiler un point B placé à la même hauteur que l'alidade de l'instrument situé par exemple en A. Le point B se trouve donc à 1 mètre au-dessus du point A. En recommençant l'opération au point C, et la continuant cinq fois de suite, on a un point situé à 5 mètres au-dessus du point A. Si la distance entre A et B

Profilement avec un niveau.

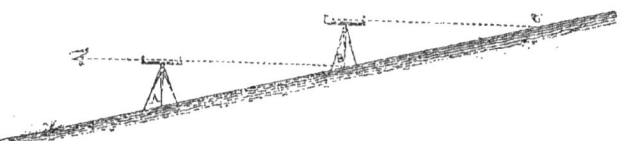

Fig. 25.

est de 10 mètres et que la pente soit uniforme, en marchant 50 mètres sur la pente AB à partir de A, on aura le point qui sert de passage à la deuxième courbe; 50 mètres plus loin (c'est-à-dire encore 5 mètres plus haut), on aura un point de la troisième courbe, etc.

---

de niveaux: le niveau d'eau, le niveau à bulle d'air, le niveau à perpendicule, etc....

1. Le profilement est facile lorsqu'une pente est uniforme; lorsqu'elle ne l'est pas, on la subdivise en plusieurs parties, sensiblement uniformes, dont on exécute successivement le profilement.

34   LA PRATIQUE DE LA TOPOGRAPHIE.

Il faut donc, pour obtenir un relief topographique du terrain, faire trois opérations :

1° *Exécuter sur le terrain un profilement, c'est-à-dire obtenir des points situés à* 5, 10, 15, 20 *mètres les uns au-dessus des autres;*

2° *Tracer sur le terrain des courbes de niveau;*

3° *Rapporter tous ces résultats sur le papier.*

Dans la pratique on peut éviter le tracé successif des courbes du niveau, en multipliant les profilements.

En effet, si, après avoir exécuté le cheminement de la fi-

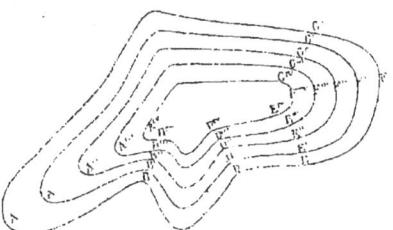

Fig. 26.

gure 26, on construit un profilement à chaque point d'inflexion de la courbe supérieure, on remarquera que les points du profilement sont les mêmes que ceux du chemi-

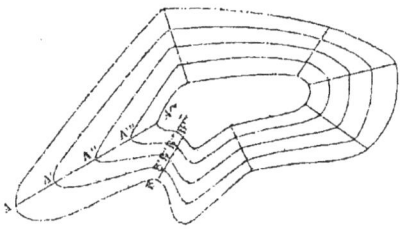

Fig. 27.

nement (fig. 27). Donc si, pendant qu'on fait le cheminement de la courbe A^{iv} B^{iv} D^{iv} E^{iv}, etc. (fig. 26), on exécute à chaque point d'inflexion (à mesure qu'on y arrive) un profilement (fig. 28), on n'aura qu'à joindre les points de même

Fig. 28.

cote pour avoir la figure 27, quoiqu'on n'ait en réalité parcouru sur le terrain que la courbe $A^{iv} B^{iv} D^{iv} E^{iv}$, etc., qui prend alors le nom de *courbe de raccordement*.

On voit par ce qui précède que la méthode par profilement est plus rapide que le mode de nivellement par courbes successives, puisqu'on n'a dans ce cas à parcourir sur le terrain qu'une seule courbe ; aussi l'emploie-t-on presque exclusivement. {Avantages des profilements.}

Dans les profilements au niveau, il faut mesurer sur le terrain la distance qui sépare le pied de l'instrument du point de la pente qui se trouve à hauteur du niveau pour pouvoir trouver l'écartement naturel des courbes. Il faut ensuite traduire cet écartement en distance graphique. Ces deux opérations diminuant la rapidité d'exécution des levés par profilement, on a remplacé dans la topographie militaire les profilements au niveau par les profilements à l'éclimètre, qui sont beaucoup plus expéditifs. {Inconvénien des profilements au niveau.}

Mais, avant de passer à ce profilement pratique et d'apprendre comment on détermine avec l'éclimètre les points de passage des courbes sur le terrain, il est avantageux de s'habituer aux procédés employés pour copier un itinéraire portant les courbes de nivellement, cette copie devant familiariser avec le tracé des courbes sur le papier et préparer aux opérations sur le terrain.

CHAPITRE II.

PROFILEMENT DES DIVERS MOUVEMENTS DE TERRAIN.

Choix des lignes de profilement.

Nous avons vu dans le chapitre précédent que, pour obtenir sur le terrain les courbes de nivellement dont l'ensemble forme le relief topographique, on devait exécuter un certain nombre de profilements qu'on reliait entre eux, soit par l'intersection même des profils, soit par des courbes de raccordement. Il en est de même dans la copie des modèles ; mais il n'est pas indifférent de prendre pour ligne de profilement une direction quelconque du terrain ou du papier, car certaines lignes caractéristiques du sol, prises en moins grand nombre, donnent la forme des ondulations plus rapidement et plus nettement que d'autres lignes prises au hasard.

Celles que l'on choisit de préférence, soit dans la copie des modèles, soit dans les levés sur le terrain, sont : les *lignes de plus grande pente*, les *crêtes des croupes* et les *thalwegs des gorges* et *des vallées*.

Lignes caractéristiques du sol.

Les *lignes caractéristiques* du sol se reconnaissent, à première vue, sur un dessin, en ce qu'elles sont *normales* aux courbes.

Les *lignes de plus grande pente* sont *normales* aux endroits où la courbure est peu prononcée : points où les courbes sont presque droites.

Les lignes *de crête* ou *de thalweg*, au contraire, sont *normales* aux points *de forte courbure* : où les courbes *rebroussent* chemin pour revenir sur elles-mêmes ; ces lignes sont appelées *arêtes de rebroussement*[1].

---

[1]. Sur un dessin la croupe et la vallée se ressemblent, et l'arête de crête ne se distingue pas toujours facilement de la ligne de thalweg ; mais sur le terrain il est impossible de confondre une ligne de crête avec une ligne de thalweg l'une étant en relief et l'autre en creux.

Dans la figure ci-dessous, la ligne AB est une ligne ou arête de crête, *ab* une ligne de thalweg. Les lignes *cd*, *fg*, *gh*, des lignes de plus grande pente ; la ligne *lmok* est appelée courbe de crête du plateau.

L'examen de cette figure suffit pour indiquer ce qu'on entend par *sommet, croupe, col, gorge, vallée, plateau*, etc.

En étudiant ces divers mouvements de terrain, on voit qu'ils sont formés d'excavations et de protubérances accolées les unes aux autres ou réunies par des parties planes appelées *flancs*.

Ces excavations ou protubérances prennent le nom de *rebroussements*, parce que les courbes qui les dessinent reviennent sur elles-mêmes ou rebroussent brusquement. De

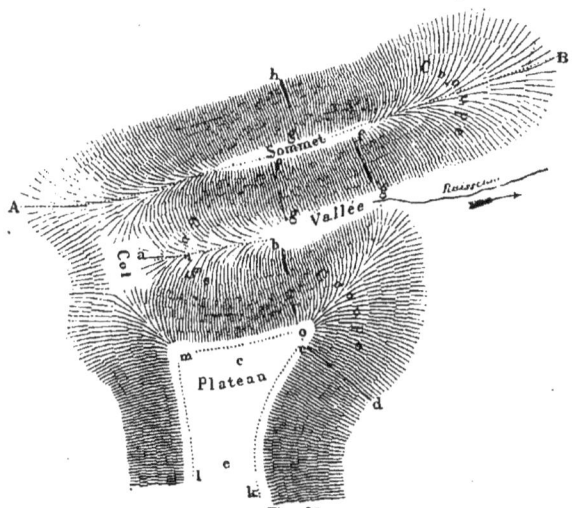

Fig. 29.

sorte que l'on peut dire qu'il n'y a, à proprement parler, que deux espèces de mouvements de terrain, le flanc et le rebroussement.

On construit le *squelette* d'un *rebroussement* par le profilement de 3, 4 ou 5 lignes de pente se coupant au même point.

38   LA PRATIQUE DE LA TOPOGRAPHIE.

Les profilements peuvent s'exécuter sur le papier ou sur le terrain.

Profilement sur le papier. Pour profiler, sur le papier, dans la copie d'un dessin topographique, une des lignes indiquées ci-dessus, on trace sur l'original la direction de la ligne que l'on veut profiler et, avec un compas ou à l'aide de l'échelle-rapporteur, on mesure l'écartement qui existe entre les points d'intersection des courbes de niveau et de la ligne tracée. On reporte ensuite par le procédé inverse : 1° la direction de la pente tracée ; 2° les points de passage de courbe d'après l'écartement mesuré.

Le profilement de 3, 4 ou 5 pentes se coupant au même point donne la forme de toutes les ondulations du sol, ainsi qu'on le verra dans les exemples ci-après :

Profilement d'une croupe. Pour profiler une croupe, du point A (fig. 32), où la courbe de *crête* coupe l'*arête* de *rebroussement*, on profile 3 pentes,

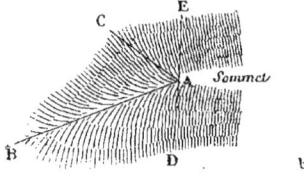
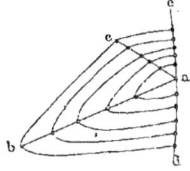

Fig. 32.

AB, AC, AD, que l'on reporte en *ab, ac, ad*, et on relie entre eux les points du profilement. On ajoute quelquefois une quatrième pente AE lorsque la croupe est irrégulière.

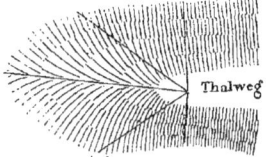

Fig. 33.

Profilement d'une gorge. Le profilement d'une gorge se fait par 3 ou 5 pentes ascendantes, inversement à la croupe. Le point d'intersection des pentes est pris à l'origine de l'inclinaison de la ligne de thalweg de la gorge.

Profilement d'un flanc.

Un flanc peut se profiler indifféremment en montant ou en descendant par une pente unique ou par 3 pentes en Z dont celle du milieu est habituellement normale aux courbes.

Raccordement d'une croupe à un flanc ou à une gorge.

On raccorde une croupe à un flanc et ce dernier à la gorge voisine, en prenant pour extrémité du Z le point a' (fig. 34), situé à hauteur[1] du point a de la gorge, et le point b' à hauteur du sommet b de la croupe. Lorsqu'on n'a qu'une seule pente pour le flanc, on réunit les trois ondulations, en joignant entre elles les courbes immédiatement supérieures à 3 points de même niveau, o, o', o''.

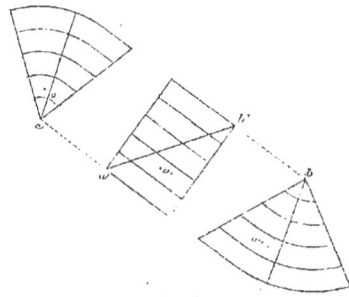

Fig. 34.

Profilement d'une vallée.

Quelquefois les vallées sont presque horizontales ; alors les *bords qui les limitent* sont parallèles aux courbes des hauteurs voisines de droite et de gauche. Dans ce cas, les courbes de ces mouvements de terrain sont parallèles au thalweg de la vallée, ou du moins leur intersection est hors du dessin. Le plus souvent les vallées sont légèrement inclinées et les lignes de séparation avec les hauteurs voisines sont obliques par rapport aux courbes qui représentent ces hauteurs. Ces courbes se réunissent sur le thalweg comme dans une gorge et ont la forme d'un V allongé tourné en sens

[1]. Deux points d'un dessin sont à peu près de même niveau lorsqu'ils sont situés entre deux courbes successives ou entre deux courbes dont la *cote* varie d'une *équidistance*.

40 LA PRATIQUE DE LA TOPOGRAPHIE.

inverse de la flèche qui indique le courant du ruisseau situé au fond de la vallée (fig. 35).

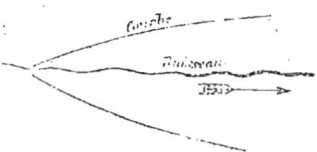

Fig. 35.

Profilement d'un sommet ou mamelon.

Un mamelon est la réunion de deux croupes apposées.
Si le profilement d'un mamelon précède celui de la croupe et du flanc qui sont situés au-dessous de lui, on profilera les quatre pentes SC, SD, SA', SD' (fig. 37).

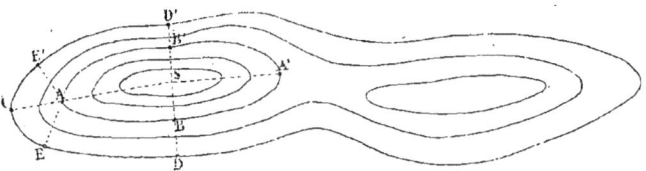

Fig. 37.

Mais lorsque l'inverse a lieu et qu'on a déjà profilé les pentes AC, AE, AE', B'D', BD, on obtient le profilement de A en A' et de B en B', en partageant les intervalles AA' et BB qui existent sur le plan, en autant de parties égales qu'il y a de courbes entre le sommet S et la courbe de crête B du mamelon.

Profilement d'un plateau.

Lorsque la partie supérieure d'un mouvement de terrain est un plateau au lieu d'un mamelon, il n'y a pas de profilement à faire et on détermine la courbe de crête au moyen des points l, m, o, k qui occupent les sommets des lignes caractéristiques du mouvement de terrain (fig. 29, p. 37).

Profilement d'un col.

Lorsque le profilement d'un col précède le profilement des deux croupes et des deux gorges qui le limitent, la forme de cette ondulation est déterminée par le profilement de quatre pentes (GE, GH, GB et GB') (fig. 39); mais lorsque les quatre mouvements de terrain qui l'entourent sont déjà mesurés, le col se trouve déterminé naturellement et raccordé aux deux mamelons dont l'intersection forme le col.

Règle générale, l'intersection de deux mamelons donne *toujours un col* (fig. 39).

Il n'en est pas de même de l'intersection de deux gorges (fig. 38).

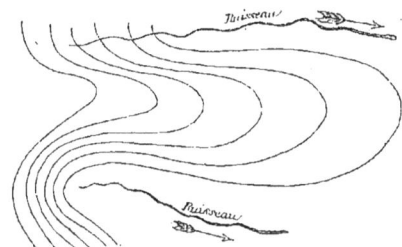

Fig. 38.

Cependant, habituellement il en est ainsi, et un col se trouve à la fois à l'intersection de deux gorges et de deux hauteurs (fig. 39).

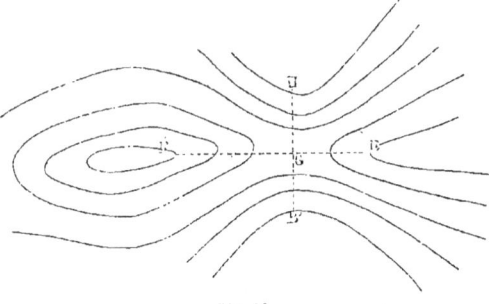

Fig. 39.

Si l'intersection de deux gorges ne donne pas toujours

un col, l'extrémité d'une gorge isolée n'est pas habituellement terminée par un col, ainsi qu'on le voit dans la figure 40.

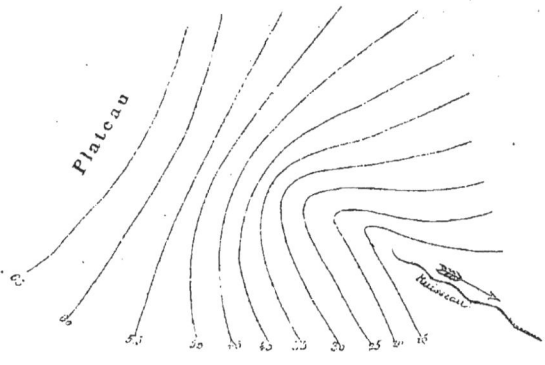

Fig. 40.

Les divers exemples ci-dessus sont destinés à faciliter à la fois les levés sur le terrain et la copie des modèles. Ils familiarisent l'opérateur avec le choix des lignes de profilement et avec leur raccordement entre elles, et le préparent ainsi aux opérations à exécuter sur le terrain.

La principale difficulté des levés topographiques est le choix des lignes de profilement; du judicieux emploi de ces lignes dépend la facilité de lever et la ressemblance de l'image avec la nature. Quant à l'exécution des profilements et du tracé des courbes qui en résulte, c'est la partie mécanique de l'opération; on l'apprend facilement en un petit nombre de séances.

CHAPITRE III.

EXÉCUTION GRAPHIQUE DE LA COPIE D'UN MODÈLE D'ITINÉRAIRE.
(NIVELLEMENT).

La copie du modèle n° 1 sera faite d'abord avec des courbes au crayon, entre lesquelles on tracera ensuite des hachures, en se guidant sur le modèle n° 1 *bis*.

En principe, la copie des modèles doit être le prélude des opérations à exécuter sur le terrain qu'elle est destinée à faciliter. Or, dans un levé d'itinéraire de marche[1], on peut représenter facilement les mouvements de terrain situés sur le parcours de l'opérateur, car les pentes qui servent à les profiler peuvent être prises sur les ondulations mêmes; mais on ne peut, sans quitter la route, représenter les mouvements de terrain situés à 500 mètres à droite et à gauche. Ce qui fait qu'habituellement on exécute l'itinéraire en deux fois : on fait la planimétrie et les mouvements de terrain qui coupent la route en *allant*, et le levé des ondulations, situés à droite et à gauche, en *revenant*.

Dans la copie des itinéraires on suivra la même marche et on exécutera le nivellement en deux fois :

1° Copie des mouvements de terrain qui coupent la route et y sont joints;

2° Copie du levé des terrains situés à 500 mètres à droite et à gauche.

---

[1]. Nous appellerons les itinéraires d'un point à un autre sans retour par une autre route, itinéraires de marche ou ouverts, pour les distinguer des itinéraires de reconnaissance ou itinéraires fermés.

44   LA PRATIQUE DE LA TOPOGRAPHIE.

Ces copies seront exécutées sur le modèle n° 1 et reportées sur le dessin comme dans la figure 42.

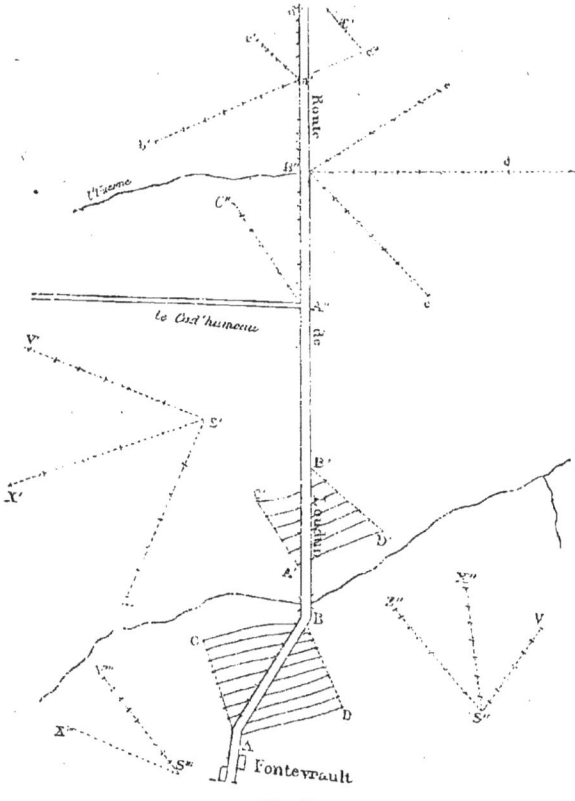

Fig. 42.

Copie des mouvements de terrains qui conpent la route.

La première direction de la route de Fontevrault à Loudun étant tracée jusqu'en A[1]; de ce point, on profilera la pente descendante AC, à peu près normale aux courbes, et la route

1. Modèle n° 1, à la fin de l'ouvrage.

elle-même AB [1]. Du point B on profile la pente ascendante BD et on forme le mouvement de terrain (ACBD), fig. 42.

Du point A', situé à la même hauteur que B, modèle n° 1, on profile les pentes ascendantes (A'B' et AC'), et du point B' la pente descendante B'D'; et on trace le mouvement de terrain A'D'B'C' (fig. 42).

Du point A", modèle n° 1, de niveau avec le point B', on profile les deux pentes descendantes A"B" et A"C", et du point B" les quatre pentes ascendantes B"c, B"d, B"e, B"a'. On dessine le flanc (C"A"B" c) et la gorge (B"c d e), fig. 42.

Du point a' on profile (a'b', a'c', a'd', a'e'), de manière à tracer la croupe (B"b'c'a'). On obtiendra ainsi la première partie de l'itinéraire n° 1.

Avant de passer à la détermination des mouvements de terrain situés à droite et à gauche de la route, on doit tracer les courbes de rebroussement déjà copiées comme on l'a fait pour les mouvements ABCD, A'B'C'D' (fig. 42).

Les rebroussements situés en dehors de la route sont déterminés par les mêmes procédés que ceux qui la coupent.

Copie des mouvements de terrains situés en dehors de la route.

Ainsi, pour déterminer la croupe S'V'X'Z' (modèle n° 1), on choisira sur la crête S'X' un point S', de même niveau que le point A" et le point B'. De ce point on profilera les trois pentes S'V', S'X' et S'Z'; on reportera ces trois pentes sur le dessin, comme dans la figure 42.

Du point S" (modèle n° 1), on profilera la croupe S"V"X"Z", par le moyen des trois pentes S"V", S"X", S"Z", le point S" étant pris à niveau du point A.

On profilera de même la crête S s s', ce qui permet de continuer la croupe S'V'X'Z' en dessus du point S'.

Pour relier ces mouvements de terrain les uns aux autres, on joint entre eux les points de même niveau. Ainsi le point S' (fig. 42), joint au point B' et au point A', donnera la courbe B'S'A", modèle n° 1, qui, jointe aux flancs C"A"B" c (fig. 42) et continuée par le rebroussement B"c d e, par le flanc B"a' et

---

[1]. Ce profilement est exécuté sur le modèle et reporté sur le dessin ainsi qu'il est expliqué page 38.

46   LA PRATIQUE DE LA TOPOGRAPHIE.

par la croupe $a'b'c'd'$, donnera la courbe continue $B'S'A''cde a'$, etc., du modèle n° 1.

De même en joignant $S''D$, AS''' (fig. 42), qui sont de même niveau, on aura la courbe supérieure du plateau de Fontevrault, et par suite toutes les autres dans le même ordre.

HACHURES.

Tracé des hachures. — Les courbes de niveau une fois tracées, on dessine entre elles les hachures qui indiquent la forme du relief du terrain.

Ces hachures doivent être normales aux deux courbes entre lesquelles elles sont tracées. Elles sont fines et espacées du quart de leur longueur lorsque leur grandeur est plus grande que 2 millimètres (fig. 43).

Fig. 43.

Au-dessous de cette limite, on les espace du quart à la moitié et on les grossit progressivement.

Les hachures tracées dans les rebroussements doivent être courbes pour être normales à la fois aux deux courbes de niveau sur lesquelles elles s'appuient, et l'arête de rebroussement doit être vierge de hachures (fig. 44).

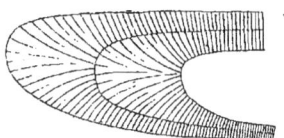

Fig. 44.

Nota. Les règles posées ci-dessus pour le choix des lignes de profilement n'ont rien d'absolu et on pourra, *une fois qu'on sera habitué aux levés,* les modifier comme on le jugera convenable pour la commodité ou la rapidité du levé. Mais on ne saurait trop insister sur cette remarque, que les lignes caractéristiques du sol, lignes de plus grande pente, de thalweg, de crête, etc., groupées naturellement, donnent le squelette topographique du terrain le plus propre à reproduire la physionomie et les ondulations du sol.

Ce *squelette topographique naturel* a une grande importance militaire et joue le principal rôle dans les opérations tactiques. Les lignes de grande pente modifient l'action des diverses armes; les lignes de thalweg en règlent le flanquement; les crêtes servent au défilement des troupes et contiennent en outre les sommets qui donnent le commandement des positions.

Afin de se familiariser avec la plupart des cas particuliers, on exécutera la copie du modèle n° 2 avec des courbes et des hachures.

Lorsqu'on aura exécuté la copie de ces modèles, on en fera : 1° une réduction; 2° une amplification [1].

Dans l'exécution de ces deux opérations on observera invariablement les deux règles suivantes : 1° *lorsqu'on réduit un dessin à une échelle moitié* de celle du modèle, on ne doit reporter les courbes que *de deux en deux;* 2° *lorsqu'on amplifie à échelle double,* le nombre des courbes *doit être doublé.*

Cette précaution est *indispensable* pour que les terrains paraissent avoir *la même inclinaison à toutes les échelles,* sans cela, au $\frac{1}{20000}$ par exemple, l'écartement des courbes serait moitié de ce qu'il serait au $\frac{1}{10000}$; par suite la longueur de la hachure qui indique la pente serait deux fois plus grande au $\frac{1}{10000}$ qu'au $\frac{1}{20000}$, et les pentes de terrain paraîtraient deux fois plus douces à la première échelle qu'à la deuxième.

Il résulte de ce principe que, si au $\frac{1}{10000}$ il existe une différence de niveau de 5 mètres entre deux courbes consécuti-

---

[1]. La manière de réduire ou d'amplifier la planimétrie d'un modèle a été indiquée à la première leçon. Elle consiste à tracer les directions au moyen d'azimuts égaux sur la copie et sur le modèle, et à prendre des quantités proportionnelles pour le report des distances.

ves, cette différence sera de 10 mètres entre la première et la troisième courbe, entre la troisième et la cinquième, etc.; et par suite la différence de hauteur de deux courbes consécutives, à l'échelle de $\frac{1}{20000}$, sera de 10 *mètres*, puisque dans un dessin à cette échelle on ne trace les courbes que de deux en deux, c'est-à-dire les première, troisième, cinquième courbes d'un même dessin exécuté au $\frac{1}{10000}$.

Par les mêmes raisons, au $\frac{1}{40000}$ l'équidistance *verticale* entre les courbes est de 20 mètres; elle est de 40 mètres au $\frac{1}{80000}$, de $2^m,50$ au $\frac{1}{5000}$, etc. Mais il est à remarquer que 5 mètres à l'échelle de $\frac{1}{10000}$, 10 mètres au $\frac{1}{20000}$, 20 mètres au $\frac{1}{40000}$, 40 mètres au $\frac{1}{80000}$, etc., donnent une quantité *graphique constante de un demi-millimètre*.

Cette constance de l'équidistance graphique permet de donner aux terrains de même pente la même *apparence* d'inclinaison à toutes les échelles, car les pentes sont alors toujours représentées par les mêmes hachures; par conséquent, le rapport du blanc au noir qui indique l'ombre reste constant.

L'équidistance GRAPHIQUE EST CONSTANTE, *et de 1/2 millimètre;* tel est le principe qui sert de base à la représentation des terrains par le mode de hachures adopté par l'état-major français.

Dans la pratique, on s'écarte quelquefois de cette règle, ainsi qu'on le verra plus loin; mais les personnes qui commencent les études pratiques de topographie feront bien, dans les commencements, de s'abstenir d'une façon absolue de lever des terrains d'après ce procédé exceptionnel.

TROISIÈME LEÇON.

PRATIQUE DU NIVELLEMENT.

Il a été démontré à la deuxième leçon que, pour exécuter un modèle d'itinéraire complet, il fallait faire *quatre* opérations :

1° Choisir les lignes caractéristiques qui servent à déterminer le squelette topographique du terrain ;

2° Faire le profilement de ces lignes ;

3° Reporter les résultats obtenus et former les rebroussements qui en résultent ;

4° Relier les rebroussements entre eux par la détermination de points de même niveau.

On opère de la même manière sur le terrain, seulement les points de passage de courbe sur les profils et les points de même niveau sur les rebroussements, au lieu d'être relevés avec un compas ou avec l'échelle-rapporteur, sont déterminés avec l'éclimètre.

L'exercice pratique du nivellement comprendra trois chapitres :

CHAPITRE I. — *Description et usage de l'éclimètre.*
CHAPITRE II. — *Exécution d'un itinéraire complet.*
CHAPITRE III. — *Rapports à l'appui des itinéraires.*

CHAPITRE I.

DESCRIPTION ET USAGE DE L'ÉCLIMÈTRE.

Description de l'éclimètre.

Le relief du terrain s'obtient au moyen de l'*éclimètre*.

L'*éclimètre*, renfermé dans le couvercle de la boussole, est un instrument destiné à déterminer *directement* et à simple lecture l'*écartement graphique* que les points de passage de courbe des pentes visées doivent avoir sur le papier.

Au moyen de cet instrument les prôfilements s'obtiennent avec autant de facilité et de rapidité que lorsqu'on les exécute sur un modèle de topographie.

L'éclimètre se compose d'un niveau à perpendicule en demi-cercle, oscillant verticalement autour d'un pivot placé au centre du cercle fixe en papier qui occupe le fond de l'évidement du couvercle (fig. 46).

Ce cercle est partagé en deux moitiés par un diamètre o, o, appelé *ligne de foi*. La moitié inférieure du fond est divisée en zones verticales de 1 millimètre de largeur graduées de 5 en 5 en partant du centre et horizontalement en bandes horizontales de 1/2 millimètre par des parallèles à la ligne de foi. Les unes et les autres de ces lignes sont grossies de 5 en 5, afin de faciliter la lecture.

Les visées se font au moyen de deux pinnules ABC, A'B'C'; la fente AB et le crin A'B' servent d'alidade à la boussole. La fente C et le crin C' servent d'alidade à l'éclimètre, lorsqu'on veut prendre l'inclinaison d'une pente et déterminer les points de passage de courbe sur cette pente. La fente p et le petit style p' donnent une ligne de niveau lorsque l'arrêt K repoussé laisse libre le diamètre du demi-cercle mobile [1].

Enfin un petit verrou F maintient la boussole ouverte et le couvercle vertical [2].

Fig. 46.

Par l'effet d'un contre-poids M situé sur sa circonférence, le diamètre mobile se tient toujours horizontal, de sorte

1. Représenté en noir dans la figure.
2. Cet éclimètre donne sans calcul :
1° L'écartement graphique des courbes d'une pente visée (p. 53);
2° Des points de même niveau (p. 58).
Comme renseignements secondaires :
La réduction horizontale des distances mesurées sur des lignes inclinées (p. 67);
La différence de niveau entre deux points (p. 76);
L'écartement, la longueur et la grosseur des hachures qui correspondent aux diverses pentes (p. 62);
Les armes auxquelles les pentes sont accessibles (p. 62);
L'inclinaison sur l'horizon et les distances zénithales des lignes du terrain (p. 76).
La plupart de ces renseignements secondaires ne sont pas nécessaires à connaître pour l'exécution des itinéraires, mais on en trouvera l'application à la quatrième leçon.

que, si on incline la ligne de foi *o o* (fig. 47) suivant une pente du terrain XY, l'angle XYZ de cette pente avec l'horizon ZY sera le même que l'angle AOC du diamètre oscillant CD et de la ligne de foi AB, par exemple (16°). Il suffit donc de viser suivant une pente avec l'alidade CC′ parallèle à la ligne de foi (fig. 46) et de pousser l'arrêtoir K, pour avoir l'inclinaison de la pente visée avec l'horizon.

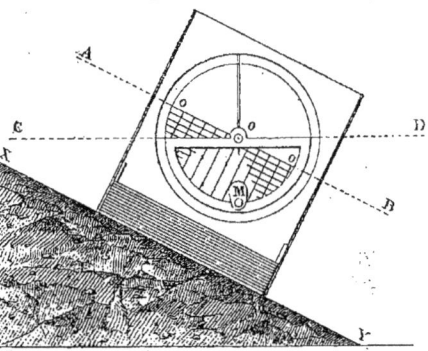

Fig. 47.

On pourra alors replacer l'instrument horizontalement, sans que l'angle de la ligne de foi avec le diamètre mobile (ainsi stoppé) cesse de représenter l'angle de pente XYZ (16°);

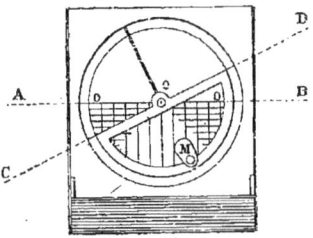

Fig. 48.

seulement la ligne de foi AOB devenant horizontale, le diamètre oscillant (actuellement fixe) COD représentera l'inclinaison de la pente.

LA PRATIQUE DE LA TOPOGRAPHIE. 53

D'après la description qui précède, on voit que le diamètre mobile de l'instrument fournit deux résultats principaux :

1° Lorsque l'alidade transversale CC' du couvercle, qu'il ne faut pas confondre avec l'alidade PP' du diamètre mobile (fig. 46), est placée suivant une pente et qu'on arrête le demi-cercle dans cette position, l'angle de la ligne de foi et du diamètre mobile mesure l'angle de la pente visée;

2° Lorsque le demi-cercle oscille librement, l'alidade placée sur son diamètre donne une ligne de niveau.

La première opération simplifie extrêmement le profilement, car l'éclimètre est disposé de telle sorte qu'il suffit de lire sur l'instrument l'écartement en millimètres que les courbes doivent avoir sur le papier pour pouvoir tracer un profil sur un dessin, sans qu'il soit nécessaire de l'exécuter d'avance sur le terrain.

La deuxième opération permet de déterminer les points de raccordement des courbes qui relient entre eux les rebroussements. On s'en sert aussi pour exécuter des profilements au niveau.

Lecture de l'écartement graphique.

Il a été expliqué, page 48, que, pour donner au terrain la même apparence d'inclinaison à toutes les échelles, l'état-major français avait posé en principe que l'équidistance graphique aurait une valeur constante de 1/2 millimètre, quelle que fût l'échelle. Or, en traçant sur l'éclimètre des parallèles espacées suivant cette règle conventionnelle de 1/2 millimètre et en les faisant couper suivant les divers angles de pente par un diamètre mobile, on a obtenu une réduction à toutes les échelles d'un profilement exécuté sur le terrain.

En effet, pour exécuter à l'échelle de $\frac{1}{10000}$ un profilement sur une pente du terrain incliné (par exemple à 16°), on détermine sur cette pente, à partir de l'endroit où l'on se trouve, des points situés à 5 mètres au-dessous les uns des autres (fig. 49). Ces points déterminés, on les reporte sur le papier, en réduisant à l'échelle de $\frac{1}{10000}$ les distances égales, AB, BC, CD, DE, qui sont les écartements des courbes sur le terrain.

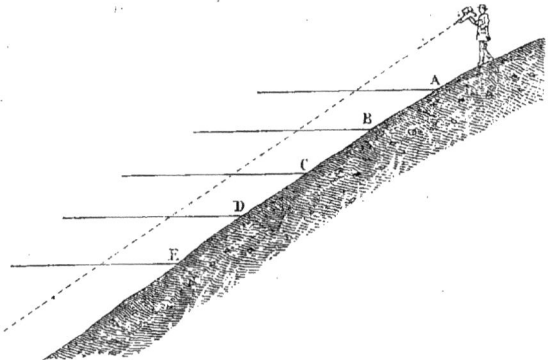

Fig 49.

Or les horizontales de l'éclimètre sont espacées de 1/2 millimètre, ce qui équivaut à 5 mètres sur le terrain. Elles forment donc avec le diamètre mobile qui représente la pente visée un profilement de cette pente à l'échelle de $\frac{1}{10000}$, dans lequel les parties du diamètre mobile comprises entre les horizontales fixes, de 1/2 millimètre, sont les distances AB, CD, DE, réduites à l'échelle, et par conséquent l'écartement des courbes sur le papier. Donc, pour savoir quel est le nombre de millimètres qui doit séparer sur le papier un point de passage de courbe de celui qui lui est immédiatement supérieur, il suffit de mesurer, ou plutôt de lire sur l'instrument quelle est la grandeur de la partie du diamètre mobile comprise entre deux horizontales de 1/2 millimètre d'écartement[1].

Le diamètre mobile étant gradué en millimètres, cette

---

[1] C'est à proprement parler les projections de ces lignes qui sont les points de passage de courbe sur le papier; mais il n'est nécessaire d'employer ces projections que dans les itinéraires fermés ou dans les levés de surface topographique. On ne réduit pas les vraies grandeurs dans les itinéraires ouverts.

lecture devient difficile lorsque les courbes ne sont pas espacées entre elles d'un nombre exact de millimètres.

Pour éviter cet inconvénient, on prend généralement, *dans la pratique*, l'intervalle en millimètres compris entre 10 courbes (horizontales)[1]. En divisant cet intervalle par 10, on a l'écartement de deux courbes en dixièmes de millimètre.

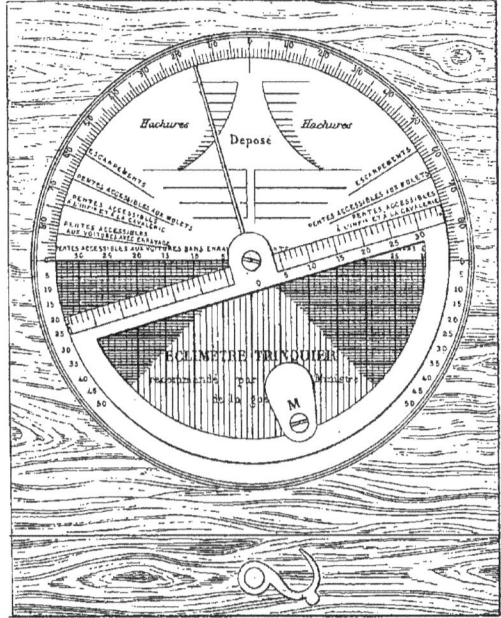

Fig. 50.

Ainsi dans l'exemple ci-dessus (dans lequel le diamètre

---

[1]. On a pris la dixième horizontale parce que les divisions par 10 sont plus faciles; mais dans les pentes peu inclinées on est quelquefois obligé de prendre la cinquième, la deuxième et même la première courbe; on divise alors par 5, 2 ou 1.

mobile fait avec la ligne de foi un angle de 16°), on prendrait la distance comprise entre le pivot de l'instrument et l'intersection du diamètre mobile avec la 10ᵉ horizontale, et on diviserait le nombre ainsi trouvé, 20 millimètres, par 10 (nombre de courbes employées).

Le *quotient*, 2 millimètres, ainsi obtenu, est l'écartement *graphique* des courbes sur la *pente visée*, c'est-à-dire que sur le dessin on espacera les points de passage de courbe de cette pente de deux en deux millimètres [1].

1. Le raisonnement ci-dessus a été établi dans l'hypothèse qu'on opérait à l'échelle de $\frac{1}{10000}$. Si on opérait à l'échelle de $\frac{1}{20000}$, l'équidistance naturelle serait de 10 mètres. Elle serait de 20 mètres au $\frac{1}{40000}$, de 40 mètres au $\frac{1}{80000}$, etc.; mais il est à remarquer que 5 mètres à l'échelle de $\frac{1}{10000}$, 10 mètres au $\frac{1}{20000}$, 20 mètres au $\frac{1}{40000}$, 40 mètres à $\frac{1}{80000}$, représentent une quantité *graphique* constante de 1/2 millimètre.

Cette *constance de l'équidistance graphique, quelle que soit l'échelle employée*, permet à l'éclimètre ci-dessus de donner à simple lecture l'écartement graphique des courbes, quelle que soit l'échelle. L'équidistance GRAPHIQUE EST CONSTANTE, *et de 1/2 millimètre*; tel est le principe qui sert de base à la représentation des terrains par le mode de hachures adopté par l'état-major français.

Cependant, dans l'exécution des levés avec des courbes, le génie n'observe pas le principe de la constance de l'équidistance graphique. Cette quantité varie suivant l'objet des dessins, et elle est d'autant plus petite que le plan doit renfermer plus de détails.

En Allemagne, l'équidistance est variable, non-seulement d'un dessin à l'autre, mais il n'est pas rare de trouver sur la même carte militaire des mouvements de terrain représentés *par des courbes*, avec des équidistances différentes.

Lorsque dans un *cas exceptionnel* on voudra se servir d'une équidistance graphique de 1/4 ou de 1/8 de millimètre, on n'aura qu'à diviser par 2 ou par 4 l'écartement graphique lu sur l'éclimètre.

LA PRATIQUE DE LA TOPOGRAPHIE.   57

USAGE DE L'ÉCLIMÈTRE.

1° *Profilement.*

Pour profiler une pente avec l'éclimètre, on tient avec la main droite la boussole ouverte, le couvercle à gauche, <small>Manière de se servir de l'éclimètre pour le profilement.</small>

Fig. 52.   Fig. 53.
Positions de l'opérateur dans le profilement.

l'alidade horizontale à hauteur de l'œil droit, la main gauche placée contre le couvercle, le pouce sur l'arrêtoir K, et l'index contre le bord opposé du couvercle et formant appui. On regarde à travers la fente *horizontale* de la première pinnule et on place le fil *horizontal* de la fenêtre opposée, parallèlement à la pente du terrain que l'on veut profiler. On presse alors sur l'arrêtoir, et, le demi-cercle mobile se trouvant fixé, son diamètre fait avec les horizontales de l'éclimètre l'angle de la pente visée avec l'horizon.

On examine la partie du diamètre mobile qui dans cette position est coupée par la 10ᵉ ligne. La distance de ce point au centre divisée par 10 est l'écartement graphique des courbes sur la pente visée. Si, par exemple, la 10ᵉ ligne noire coupe le diamètre mobile au 19ᵉ millimètre[1], les courbes sont espacées de 1ᵐᵐ,9 (fig. 50).

[1]. Cet écartement des courbes correspond à une pente de 16° environ.

58 LA PRATIQUE DE LA TOPOGRAPHIE.

REPORT DES RÉSULTATS OBTENUS AVEC L'ÉCLIMÈTRE.

Pour reporter sur le dessin les points de passage de courbe, on mesure avec la boussole la direction de la pente et on trace cette direction sur la feuille. Du point du papier qui représente la station d'où l'on a visé, on prend (d'après l'exemple ci-dessus) sur la pente tracée avec l'échelle-rapporteur des points espacés de 1^{mm},9 à un 1^{mm},9.

2° Détermination des points de même niveau.

<small>Manière de déterminer sur le terrain des points de même niveau.</small>
Pour déterminer sur une pente du sol un point de même niveau qu'un autre point du terrain, on tient l'instrument à peu près horizontal à hauteur de l'œil, de manière que, le demi-cercle oscillant librement, l'alidade HH' du diamètre mobile (fig. 46) ne sorte pas du champ des deux fenêtres F et F' percées dans le couvercle de la boussole. On vise alors avec la ligne de niveau dans la direction du point connu et on voit si on est placé au-dessus ou au-dessous de ce point. On remonte alors ou on descend sur le terrain, jusqu'à ce qu'on se trouve placé de niveau avec le point connu. On dirige ensuite la ligne de niveau sur la pente où l'on veut avoir

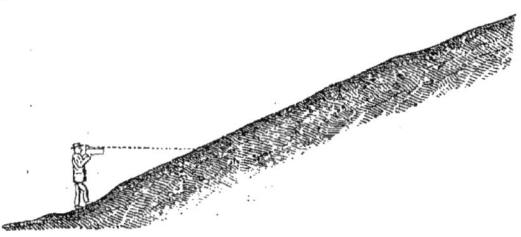

Fig. 51.

un point de même hauteur, et on remarque le point où cette pente est coupée par le niveau. Ce point d'intersection et le point connu sont de niveau, car ils sont tous deux à la même hauteur que l'œil de l'opérateur.

LA PRATIQUE DE LA TOPOGRAPHIE.

CAS PARTICULIERS DE PROFILEMENT.

Profilement d'une pente peu inclinée.

Lorsque les pentes sont peu inclinées, la 10ᵉ horizontale se trouve au-dessous du diamètre mobile[1]. On prend alors la 5ᵉ horizontale et on divise l'intervalle obtenu par 5. Si cette cinquième parallèle se trouve aussi au-dessous du diamètre mobile au lieu d'un intervalle de 5 courbes, on en prendrait un de 4, 3 ou 2, c'est-à-dire qu'on lirait l'intersection de la 4ᵉ, de la 3ᵉ ou de la 2ᵉ horizontale avec le diamètre mobile et qu'on diviserait le chiffre obtenu par 4, 3 ou 2, selon le nombre de courbes qu'on aurait pris.

Au-dessous de cette limite, c'est-à-dire lorsque le diamètre mobile ne coupe pas la 2ᵉ ligne, ce qui indique que les courbes sont espacées de plus de 15 centimètres sur le papier, l'intersection du diamètre et des parallèles a lieu trop obliquement, et la moindre erreur dans l'appréciation de l'angle de pente donne des variations extrêmement grandes dans l'écartement des courbes.

Profilement par des nivellements successifs.

Dans ce cas, qui se présente fréquemment pour les thalwegs ou les lignes de crête, on fait le profilement par des nivellements successifs. A cet effet on détermine avec le niveau de l'éclimètre (pages 33 et 58) le point du thalweg ou de l'arête situé à la même hauteur que l'œil de l'observateur, supposé à 1ᵐ,50 au-dessus du sol, et on multiplie l'intervalle de ces deux points sur le terrain par le rapport de 1ᵐ,50 à 5 mètres si on opère au $\frac{1}{10\,000}$, ou aux autres équidistances naturelles si on opère à une autre échelle.

Le produit ainsi obtenu est l'espacement des courbes sur le terrain ; l'écartement graphique s'obtient en réduisant cette quantité à l'échelle employée.

Ces notions suffisent pour l'exécution d'un itinéraire sur le terrain.

---

1. La position de cette horizontale dépend de l'inclinaison de la ligne profilée.

CHAPITRE II.

EXÉCUTION D'UN ITINÉRAIRE COMPLET SUR LE TERRAIN.

Levé d'un itinéraire sur le terrain (relief).

Ainsi qu'on l'a fait dans la copie des modèles, on lèvera, *en allant*, les ondulations que la route traverse, et, en revenant, les mouvements de terrain situés à droite et à gauche.

Ayant dessiné la première travée de la route et la planimétrie des objets voisins, l'opérateur visera avec l'alidade de l'éclimètre dans la direction de cette travée et en fera le profilement qu'il tracera sur le papier avec l'échelle-rapporteur. Il achèvera ensuite le mouvement de terrain sur lequel se trouve cette portion de route : si c'est une croupe, il profilera 3 pentes descendantes ; si c'est une gorge, 3 pentes ascendantes ; si c'est un flanc, il profilera la route et la ligne de plus grande pente située à droite ou à gauche de cette dernière. Arrivé à l'extrémité de la pente de cette partie de route, il achèvera le Z qui doit donner le flanc indépendamment des mouvements de terrain voisins. Il cheminera ensuite horizontalement jusqu'au point de même niveau sur la pente opposée de la route ; et de ce point il opérera comme précédemment pour profiler le mouvement de terrain sur lequel il se trouve.

Les mouvements de terrain à droite et à gauche seront levés en déterminant sur ces ondulations un point de même hauteur qu'un point connu de la route. De ce point on profilera 3 pentes ainsi qu'il a été dit ci-dessus.

Les rebroussements levés séparément seront reliés les uns aux autres, au moyen de points de même niveau, ainsi qu'il a été expliqué (pages 39 et 58).

LA PRATIQUE DE LA TOPOGRAPHIE. 61

Il arrive quelquefois que les pentes s'arrêtent complète- Commencement à un plateau ou à un bas-fond; dans ce cas on déter- ment et fin des pentes.

Fig. 54.

mine à la boussole et au pas la fin des pentes et on arrête les courbes.

D'autres fois, la pente change seulement d'intensité; on Changements profile alors la nouvelle pente comme l'ancienne à partir de pente. du point où s'opère le changement[1].

Lorsque deux mouvements de terrain sont situés en face Levé des mouvements de l'un de l'autre, le premier peut servir à déterminer le second rain éloignés. sans se déplacer. Supposons l'opérateur placé successivement en A et en B, et déterminant sur la pente A'B' deux points A' et B' de même niveau que A et B (page 58), il est

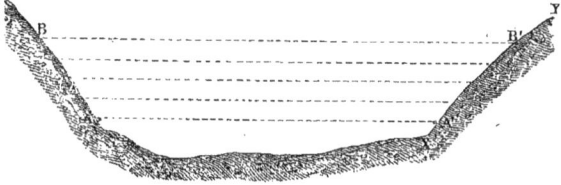

Fig. 56.

évident qu'il y aura entre A' et B' le même nombre de courbes qu'entre A et B. L'opérateur ayant déterminé le nombre de courbes entre A et B, n'aura qu'à diviser par ce nombre

---

1. Lorsque le point de changement de pente ne se trouve pas exactement sur une courbe, on arrête la pente à la courbe précédente, ou on la continue jusqu'à la courbe suivante si cette dernière est plus rapprochée du point de changement de pente. L'erreur commise est négligeable en topographie irrégulière.

l'espace A′B′, mesuré par recoupement, pour avoir l'écartement des courbes entre A′ et B′ et par suite sur toute la pente XY.

Représentation directe des terrains au moyen de hachures. La représentation des terrains au moyen de hachures se fait de la même manière qu'avec des courbes ; on détermine la hachure correspondant à chaque pente, en examinant celle dont l'extrémité intérieure se trouve sous l'aiguille. La distance qui sépare cette hachure de la plus voisine est l'écartement des hachures de la pente visée ; ainsi par exemple, dans la figure 50, page 55, la hachure qui correspond à la pente est la huitième hachure du groupe de gauche dont l'extrémité du côté de la courbe se trouve sous l'aiguille.

La hachure de la pente déterminée, on construit les rebroussements, et on les relie comme si l'on opérait avec des courbes[1].

---

[1]. Il arrive quelquefois aux échelles de $\frac{1}{20000}$, $\frac{1}{40000}$, $\frac{1}{80000}$, surtout dans les terrains à ondulations douces et très-allongées, que des mouvements souvent considérables se trouvent compris entre deux courbes de niveau et disparaissent sur le dessin. Ils ne peuvent être rendus qu'imparfaitement ; ce serait même une faute de les reproduire, car on s'écarterait de la loi des hachures basée sur l'équidistance constante qui est la sauvegarde de l'appréciation des pentes par la teinte. Cette omission présentant dans certains cas des inconvénients graves, on peut y remédier en conservant la loi d'écartement des hachures et en faisant varier seulement leur longueur suivant les besoins. De cette manière, le rapport du blanc au noir reste le même que par le système ordinaire, et la diminution de la hachure permet de rendre apparents des mouvements de terrain qui n'auraient pu l'être par la méthode habituelle.

CHAPITRE III.

RAPPORTS A L'APPUI D'UN ITINÉRAIRE.

Les rapports d'itinéraires peuvent être faits sous forme de mémoire, ou disposés en tableaux.

Dans le premier cas, on place sur la couverture l'objet du travail, avec les noms, grade et numéro du régiment de l'officier.

Sur la 2ᵉ page on place le sommaire de la question à traiter, et au-dessous on commence le mémoire, qui peut être fait sous forme de lettre. On écrit en marge le sommaire de chaque paragraphe et on signe.

Les renseignements à fournir peuvent se diviser en trois parties.

1° Renseignements topographiques portant sur les routes, chemins, rivières, canaux, places fortes, villes, villages, bourgs, hameaux, fermes et maisons isolées. — Forêts, bois, défilés, positions militaires ;

2° Renseignements statistiques indiquant les ressources que peut fournir un pays pour la nourriture et le logement des troupes, le transport, etc... ;

3° Application des opérations de la guerre au terrain.

On peut y joindre une relation succincte des faits d'armes qui se sont passés sur les lieux.

Dans le deuxième cas, on se conformera au tableau ci-après.

MODÈLE DE RAPPORT D'ITINÉRAIRE.

Itinéraire d'une partie de la route de Saint-Maixent à Lamothe.
Distance totale : 2 kilomètres 500 mètres.

NOMS DES LIEUX.	Distance entre les points remarquables.	DÉSIGNATION DES POINTS REMARQUABLES.	Étendue des accidents.	Largeur de la route.	NATURE ET ÉTAT D'ENTRETIEN DE LA ROUTE.	VUES OU PROFILS DES PONTS, DÉFILÉS, GUÉS, ETC.	OBSERVATIONS.
	Mètres.		Mètres.	Mètres.			
La Poupinière..	100	Ferme composée de deux maisons, 20 mètr.	100	12	En très-bon état.		Ferme située à 50 mèt. à droite de la route.
Pont.........	500		50	Id.	Id.		
Embranchement de la route de Poitiers.....	800	Maison isolée..	10	Id.	Id		
Nanteuil.......	1700	Village	200	Id.	Id.		Ruines à l'entrée du village.
Pont de Pallu..	2450	Pont en pierre..	10	Id.	Id.		

QUATRIÈME LEÇON.

DES DIFFÉRENTS GENRES DE LEVÉS TOPOGRAPHIQUES.

Les levés topographiques peuvent être divisés en quatre catégories :
1° Les itinéraires fermés ;
2° Les levés irréguliers ;
3° Les levés à vue ou de mémoire ;
4° Les levés réguliers.

Ces quatre parties ont pu être traitées en une seule leçon, car elles ne sont que l'application de l'exécution des itinéraires de marche dont la pratique a été développée dans les trois premières leçons de l'ouvrage.

CHAPITRE I.

ITINÉRAIRES FERMÉS.

Un itinéraire est dit *fermé* lorsque l'opérateur qui l'exécute revient au point de départ par une route différente de celle qu'il a suivie pendant la première moitié du parcours. C'est la réunion de deux levés de route allant en sens inverse d'un point à un autre.

La difficulté de ce genre de levé consiste à fermer le polygone parcouru, c'est-à-dire à retomber, sans beaucoup d'erreur, sur le point de départ. Lorsque le périmètre de l'itinéraire du polygone n'est pas trop grand, on arrive aisément à ce résultat en apportant un peu de soin dans l'opération et en évitant autant que possible toute chance d'erreur.

Or dans l'exécution des itinéraires de la 3ᵉ leçon on a *reporté* les distances mesurées au pas, sans tenir compte de l'inclinaison de la route, ce qui a l'inconvénient d'allonger le tracé, car il est facile de se convaincre que dans une route en ligne droite, montant et descendant suivant ABCDEFK, le tracé ABCDEFK est plus grand que ACEK, qui est le plan ou la projection.

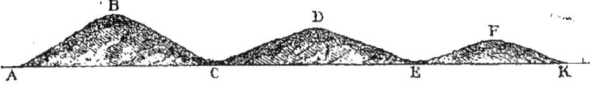

Fig. 58.

Cette manière d'opérer, suffisamment exacte pour des itinéraires de marche, est remplacée, dans les levés fermés, par la méthode plus précise de la réduction *horizontale* des distances mesurées sur des lignes inclinées.

LA PRATIQUE DE LA TOPOGRAPHIE.   67

RÉDUCTION HORIZONTALE DES DISTANCES MESURÉES
SUR DES PENTES.

Lorsque les distances mesurées au mètre ou au pas se trouvent sur des lignes inclinées, on les réduit à l'horizon, c'est-à-dire qu'on ne porte pas sur le levé leur vraie grandeur, mais leur projection.

La projection d'une ligne ou sa réduction à l'horizon est donnée (lorsque l'on vise suivant son inclinaison) par la graduation de la ligne de foi, qui se trouve sur la même verticale que la graduation du diamètre mobile de l'éclimètre, qui exprime la vraie longueur de la ligne mesurée.

Ainsi dans la figure 50, p. 55, la graduation 15 millimètres du diamètre mobile est sur la verticale 14 du fond de l'instrument et la graduation 30 sur la verticale 28 : ce qui indique que 15 millimètres se réduisent à 14, 150 mètres à 140, et 300 mètres à 280.

Cette correction est habituellement suffisante pour fermer les polygones, lorsque leur périmètre n'est pas trop étendu pour l'exactitude fournie par l'instrument, c'est-à-dire 2000 mètres de circuit environ [1].

Lorsqu'il en est autrement, on peut arriver au même résultat en décomposant l'itinéraire en plusieurs parties au

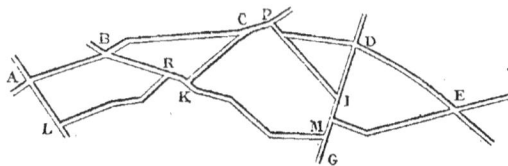

Fig. 59.

moyen d'une série de 8 juxtaposés, qu'on appelle *canevas*, et dont on exécute successivement le levé. Exemple : ainsi

1. Généralement les itinéraires sont faits à 500 mètres à droite et à gauche de la direction suivie, et, au $\frac{1}{10000}$, il ne faut pas dépasser cette quantité, à

l'itinéraire ABCDEGKL serait fait en suivant la route ABKCIDEGKL.

En général, plus les polygones sont petits, plus on opère exactement; plus ils sont grands, plus on va vite. Lorsque, étant pressé, on est obligé de conserver des polygones trop grands et que, dans l'un d'eux, le point d'arrivée ne coïncide pas sur le papier avec le point de départ, quoiqu'ils représentent le même point du terrain, on ferme ce polygone en répartissant l'erreur *proportionnellement* aux côtés du polygone levé. Ainsi dans la figure 60, le point d'arrivée tombant en a au lieu de d, on diviserait les erreurs ab et bd en deux parties et l'on reporterait la moitié de db en fi et la moitié de ab en mg, de manière à obtenir le périmètre ponctué

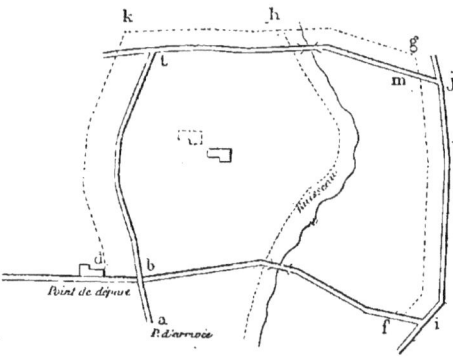

Fig. 60.

$dbfmghkd$ au lieu du périmètre primitif $dbfijmtba$. Tous les objets situés dans le polygone seraient reportés à gauche de la moitié de db, et remontés de la moitié de ba.

_{cause de la limite d'approximation fournie par la boussole. D'où il résulte que, pour être à peu près sûr de fermer un quadrilatère, il faut qu'il n'ait pas plus de $4 \times 500^m = 2000^m$ de circuit.}

CHAPITRE II.

LEVÉS IRRÉGULIERS.

Quatre itinéraires fermés réunis en *canevas*[1] autour d'un point donnent un levé irrégulier complet.

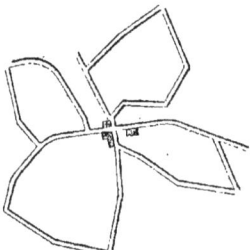

Fig. 61.

En suivant, dans le levé de ces polygones, les prescriptions indiquées pour les itinéraires fermés, on obtient une approximation suffisante pour les levés militaires qui servent aux reconnaissances, exécutés à l'échelle de $\frac{1}{10\,000}$ et au-dessus; mais lorsqu'un plan doit servir à l'établissement d'un camp à l'assiette, d'un ouvrage de campagne, etc., et qu'il est nécessaire d'exécuter le dessin à une échelle très-petite à $\frac{1}{100}$, $\frac{1}{500}$, etc., au-dessous de $\frac{1}{5000}$, avec une assez grande approximation, la boussole-éclimètre tenue à la main ne fournit plus une exactitude suffisante; on est alors obligé de placer l'instrument sur un pied. Dans ce cas, on se sert avec avantage de la tablette de campagne de M. le capitaine Trinquier.

---

1. On appelle *canevas* la réunion de polygones ou de triangles entre lesquels on trace les détails du terrain.

TABLETTE DE CAMPAGNE.

Cette planchette est destinée, en campagne, à servir de table pour écrire ou dessiner, la cantine réglementaire de l'officier servant de siège.

Fig. 62.

Elle se ferme comme une table à × et se met dans la can-

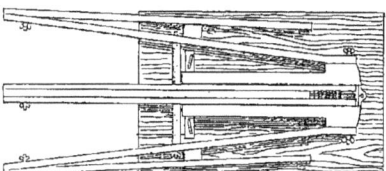

Fig. 63.

tine sans se démonter, de sorte qu'on n'a qu'à l'ouvrir et la dresser pour pouvoir s'en servir immédiatement.

En dépliant complétement les pieds, la hauteur de l'instrument au-dessus du sol se trouve doublée et on peut alors s'en servir pour les levés topographiques. Les avan-

LA PRATIQUE DE LA TOPOGRAPHIE.   71

tages de l'appareil pour cet usage consistent dans la commodité avec laquelle on le plie et on le transporte d'un point

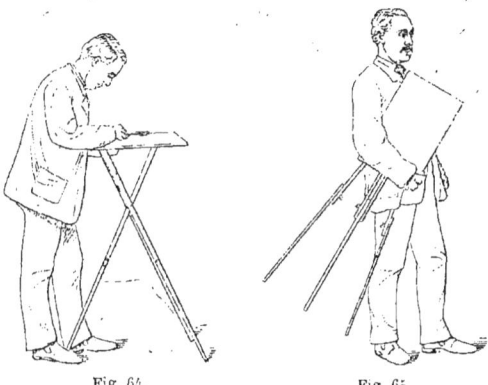

Fig. 64.   Fig. 65.

à un autre, ainsi que dans la facilité avec laquelle on se met en station.

La boussole-éclimètre est fixée par une vis sur un coin de la tablette, de manière à pouvoir tourner horizontalement dans tous les sens, ce qui permet de prendre les directions.

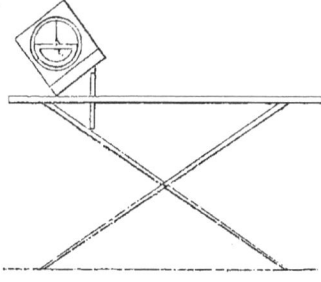

Fig. 66.

La tige de la vis qui fixe la boussole glisse verticalement et à frottement gras dans un trou de la planche et permet de donner au couvercle toutes les inclinaisons voulues et, par conséquent, de mesurer les pentes avec l'éclimètre, ce qui se fait avec plus de stabilité et de précision que lorsqu'on tient seulement l'instrument à la main.

L'emploi de la planchette de campagne permet d'exécuter avec rapidité des levés d'une grande étendue avec une certaine approximation.

Il suffit, pour faire ces levés *demi-réguliers*, de remplacer le canevas des quatre itinéraires fermés par un canevas de triangles disposé ainsi qu'il est indiqué ci-après :

Pour exécuter avec la boussole-éclimètre un levé demi-régulier, on place sur la feuille le point où l'on se trouve, dans une position à peu près semblable à celle qu'il occupe sur le terrain.

De ce point on détermine dans la campagne, au moyen de cinq ou six objets saillants et distincts, comme cheminées, sommets d'arbres ou de clochers, une base sur laquelle on puisse se prolonger. Cette base déterminée, on mesure avec soin sa déclinaison; au moyen de la boussole, on la trace sur le papier (pages 13 et 14) et on chemine dans cette direction, en comptant les pas. A mesure que, cheminant sur la base, on arrive sur le prolongement d'une ligne caractéristique du sol, comme haies, chemins, ruisseaux, fossés, etc., on s'arrête, on place le point où l'on se trouve par le nombre de pas que l'on a marché depuis le point de départ, on détermine la direction de cette ligne avec la boussole, et on la trace sur le papier.

Lorsqu'on a parcouru ainsi environ mille pas, en traçant à droite et à gauche de la base la direction des lignes caractéristiques ou des lignes qui passent par des points remarquables du sol, on revient sur ses pas sous un angle d'environ 66°[1]. A cet effet, ayant placé l'alidade de la boussole dans la direction suivie, on remarque, sans déranger l'œil de place, un point du terrain, devant servir de point de re-

---

[1]. Cette opération n'a besoin que d'une grossière approximation, étant uniquement destinée à faire opérer sur des triangles, dont les côtés ne soient pas trop inégaux.

LA PRATIQUE DE LA TOPOGRAPHIE.   73

père, qui se trouve à peu près dans la direction de l'arrêtoir de la boussole; ce point sera, par exemple, un buisson, une séparation de culture, etc. On détermine ensuite la ligne qui va du point où l'on se trouve au point de repère, et on chemine dans cette direction, en comptant les pas, et déterminant, comme sur la base, les prolongements des lignes caractéristiques du terrain et les lignes qui passent par les points remarquables, de manière à déterminer ces points et ces lignes par l'intersection de deux droites.

Ayant parcouru environ mille pas dans cette direction, en levant à droite et à gauche, on se dirigera sur le point de départ ou sur un point voisin de la base, on déterminera la nouvelle direction, et on s'y prolongera en comptant les pas,

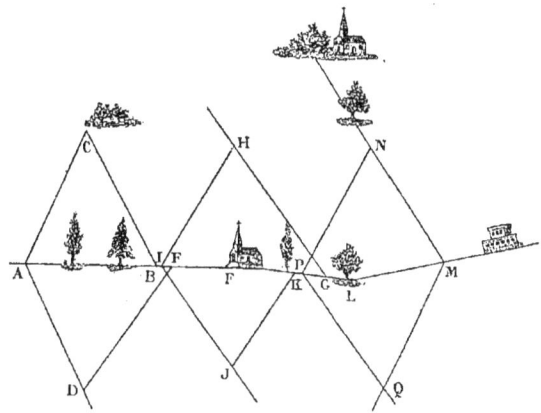

Fig. 67.

en levant le terrain à 500 mètres environ à droite et à gauche, de manière à lever la seconde moitié du triangle A B C et à amorcer le terrain à 500 pas en dehors du côté A C (fig. 67).

REMARQUE. — Il arrive quelquefois, en cheminant sur des côtés de triangles, qu'un mouvement de terrain est assez élevé pour empêcher de prendre un point de repère au delà de son sommet : il ne faut pas s'en inquiéter, et arrivé sur la crête, on trace le point où l'on se trouve et l'on prend une nouvelle direction, de manière à avoir pour côté de triangle une ligne brisée comme dans la fig. 67.

Une fois revenu sur la base, on se dirigera obliquement à droite sous un angle de 66 degrés (fig. 67), environ 1000 pas, après quoi on reviendra sur le point B de la base ou sur un point voisin en levant le triangle A D B et le terrain voisin de la même manière que le triangle A B C; on aura ainsi la planimétrie de tout le terrain renfermé dans le quadrilatère A B C D et à 500 mètres autour.

Ayant trouvé la planimétrie du quadrilatère A B C D F, on se prolonge sur la base pendant 1000 pas, et on revient en arrière, de manière à lever le quadrilatère G H I J K et tout le terrain compris entre ces deux polygones; on se prolonge encore 1000 pas, et on lève un troisième quadrilatère M N P Q.

Lorsqu'on aura levé environ 3000 pas sur la base en serpentant autour de cette ligne, comme il est dit ci-

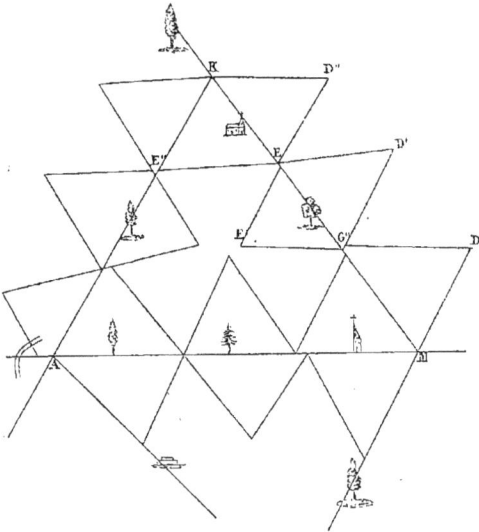

Fig. 68.

dessus, en levant le triangle M N K (fig. 67), on prolongera la direction M N (fig. 67) par cinq ou six objets saillants, et on prendra sa déclinaison avec soin, ainsi qu'on l'a fait pour la base A M. Cette nouvelle ligne M K (fig. 68) faisant avec la première A M un angle de 66° environ, servira à son tour de base. On se dirigera autour de cette nouvelle base comme sur la base primitive A M pendant 3000 pas en suivant la direction M D C″ E E′ C″ D′ E K E″ E D″, etc. (fig. 68).

Ayant levé les trois quadrilatères autour de cette ligne, on reprendra une troisième base dans la direction du point de départ, afin de fermer le triangle M K A.

Lorsque le terrain à lever sera plus grand que le triangle

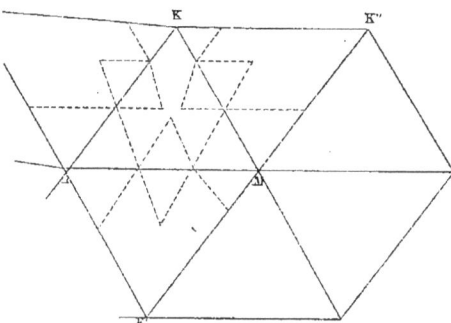

Fig. 69.

A M K, on lèvera d'abord l'étendue de ce triangle, ainsi qu'il a été indiqué. Lorsque, après l'avoir levé, on sera arrivé au point A, on prendra à 66° environ une nouvelle base A K′ (fig. 69), de l'extrémité de laquelle on se dirigera en M ; les deux triangles A M K et A M K′ levés, on se dirigera à 66° de M en K″, de K″ en K, etc. On lèvera ainsi successivement par triangles de 3000 pas de côté un terrain de 10 000 à 12 000 pas, c'est-à-dire de 8000 à 10 000 mètres de côté, ainsi que le montre la figure 69 ; au delà de ces dimensions, les levés rentrent dans la topographie régulière.

NOTA. — Il arrive quelquefois que, dans les rapports à

joindre aux levés irréguliers, on a besoin de connaître la différence de niveau entre deux points ou les inclinaisons des pentes du terrain. Ces deux opérations sont à cet effet indiquées ci-après.

Différence de niveau.

Pour trouver la différence de niveau entre deux points, on vise avec l'alidade CBC'B' de l'éclimètre (fig. 46, p. 51) de l'un de ces points dans la direction de l'autre, et on arrête l'instrument; on mesure ensuite sur le dessin, en se servant des graduations rouges de l'échelle-rapporteur, la distance en millimètres entre ces deux points : par exemple, 30 millimètres; l'horizontale de l'éclimètre qui passe par l'extrémité de la verticale 30 de la ligne de foi (fig. 50, p. 55) donne le nombre de courbes d'équidistance qui exprime la différence de niveau entre ces deux points, ce qui donne, pour une pente de 16° par exemple, 17 courbes. En multipliant par l'équidistance naturelle, on aura le nombre de mètres qui exprime la différence de niveau.

Mesure des distances zénithales et des inclinaisons sur l'horizon des lignes du terrain.

Les inclinaisons sur l'horizon et les distances zénithales en degrés étant inutiles dans le mode de représentation de terrain adopté dans l'instruction, c'est seulement pour mémoire que l'on donne la manière de les trouver. Les graduations du fond de l'éclimètre qui, lorsqu'on vise suivant une pente, se trouvent sous l'aiguille, donnent les inclinaisons sur l'horizon; celles qui se trouvent sur le diamètre mobile horizontal marquent les distances zénithales. Ainsi dans l'exemple de la figure 50, p. 55, la graduation 16°, située sous l'aiguille, est l'inclinaison sur l'horizon, et la graduation 74°, située sur le prolongement du diamètre mobile, est la distance zénithale.

CHAPITRE III.

LEVÉS A VUE OU DE MÉMOIRE.

Les levés irréguliers peuvent être faits avec ou sans instruments, quelquefois même de mémoire. Leur difficulté et leur mode d'exécution varient dans ces divers cas et leur application militaire en est différente.

Les levés avec des instruments sont particuliers aux troupes à pied, tandis que les levés à vue ou de mémoire sont plutôt l'apanage des officiers de cavalerie. Ces études habituent à l'analyse des terrains et préparent aux opérations militaires; leur bonne exécution est l'affirmation de cette qualité, si précieuse en campagne, savoir lire un terrain comme une carte topographique.

L'art de lever à vue résulte de l'habitude des levés irréguliers. On ne devra donc passer à leur exécution que lorsqu'on sera parfaitement au courant de ce qui précède. Dans les premiers exercices on parcourra les mêmes canevas que dans les levés ordinaires et on simulera les mêmes opérations. Le canevas sera mesuré au pas. On aura recours au canevas de triangles prescrit dans le chapitre précédent (page 72), parce que la méthode de triangulation à travers champs est plus précise que l'autre et donne, sans instrument, par le cheminement seul un canevas assez précis qui permet à l'opérateur de ne commettre que des erreurs de détail.

Levés à vue.

Dès qu'on aura acquis une certaine habitude de juger les pentes et d'apprécier les azimuts sans instrument, on reviendra peu à peu aux canevas polygonaux qui sont plus commodes à parcourir.

Levés de mémoire. Ce n'est qu'après s'être parfaitement rendu maître de l'exécution des levés à vue que l'on pourra passer aux levés de mémoire. L'observation de cette règle est importante. « On « ne cherchera à retenir que les traits principaux du terrain « afin d'en saisir le véritable caractère, ce qui est facile sur « un dessin au $\frac{1}{10000}$ ou au $\frac{1}{20000}$, mais beaucoup moins « aisé dans la campagne, car le sol est d'un aspect très-varié, « et la mémoire de l'œil trop imparfaite ne peut conserver « toutes ces images successives qui s'effacent, à mesure que « l'on marche, pour ne laisser qu'un souvenir vague et « confus.

« C'est à la condition de ne chercher à retenir que le « squelette topographique d'un pays que l'on pourra con« server le souvenir de l'ensemble des terrains d'une con« trée parcourue[1]. »

1. *Bulletin de la réunion des officiers*

CHAPITRE IV.

LEVÉS RÉGULIERS.

Les levés réguliers sont le complément de l'éducation topographique. Ils s'obtiennent, ainsi qu'il a été dit précédemment, en remplaçant les canevas polygonaux formés par les chemins, par un canevas de triangles, analogue à celui des levés semi-réguliers, et en remplaçant l'échelle-rapporteur à boussole-éclimètre par des instruments d'une grande stabilité et d'une grande précision, c'est-à-dire d'un prix élevé et d'un poids considérable.

Les officiers d'infanterie et de cavalerie pourront en négliger l'étude sans inconvénient. Quant à ceux d'entre eux qui, au courant des levés irréguliers, voudraient étudier la topographie régulière, ils trouveront dans les ouvrages de MM. Salneuve, de Lalobbe, Bertrand, etc., tout ce qui concerne cette *spécialité*. Les connaissances pratiques que les officiers auront acquises dans l'exécution des levés irréguliers, leur rendront la tâche facile, pourvu toutefois qu'ils possèdent déjà les connaissances mathématiques nécessaires pour comprendre les formules géodésiques.

FIN.

NOTE DE LA PAGE 16.

1. En effet, si on place le 0° noir de l'échelle-rapporteur sous l'index N (fig. 7), la ligne (noire) 0°-180° sera parallèle au petit côté de la tablette et dans la direction nord-sud du carton. Si on fait ensuite tourner le disque vers la gauche de manière à amener le chiffre noir 27° sous l'index (fig. 8), la ligne de foi de 0°-180° (noire) fera avec la direction primitive qui était la méridienne un angle ou azimut de 27°, et toutes les autres lignes noires qui lui sont parallèles, grosses ou fines, feront avec la méridienne le même azimut de 27°.

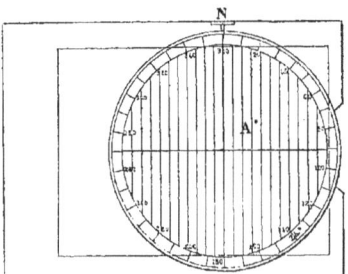   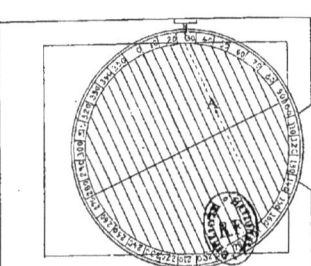

Fig. 7.   Fig. 8.

Modèle Nº 1.
ITINÉRAIRE DE FONTEVRAULT A LOUDUN

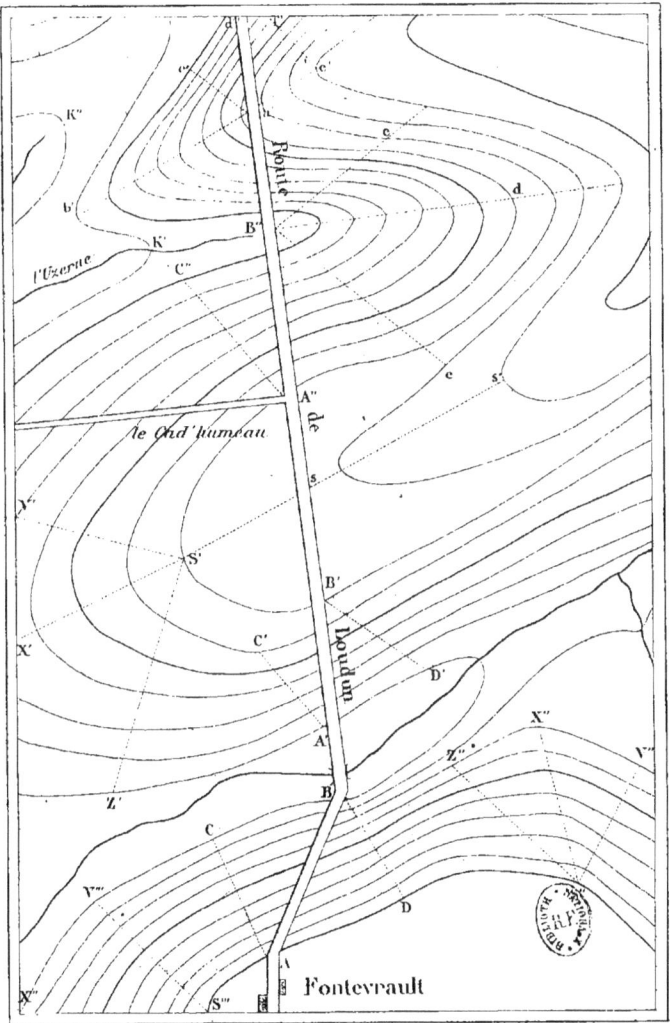

Gravé par Erhard. Echelle de $\frac{1}{10.000}$ —— L'équidistance est de 5 mètres

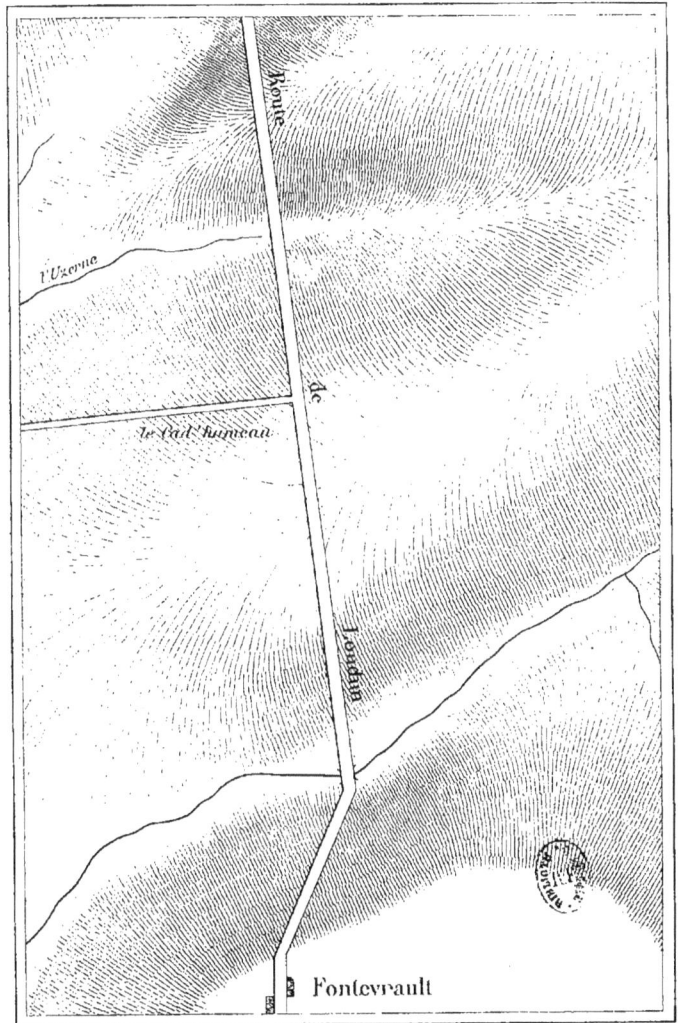

Modèle N° 2.

ITINÉRAIRE DE S.^T MAIXENT A LAMOTHE

Nom . Grade   e^{me} R.^t

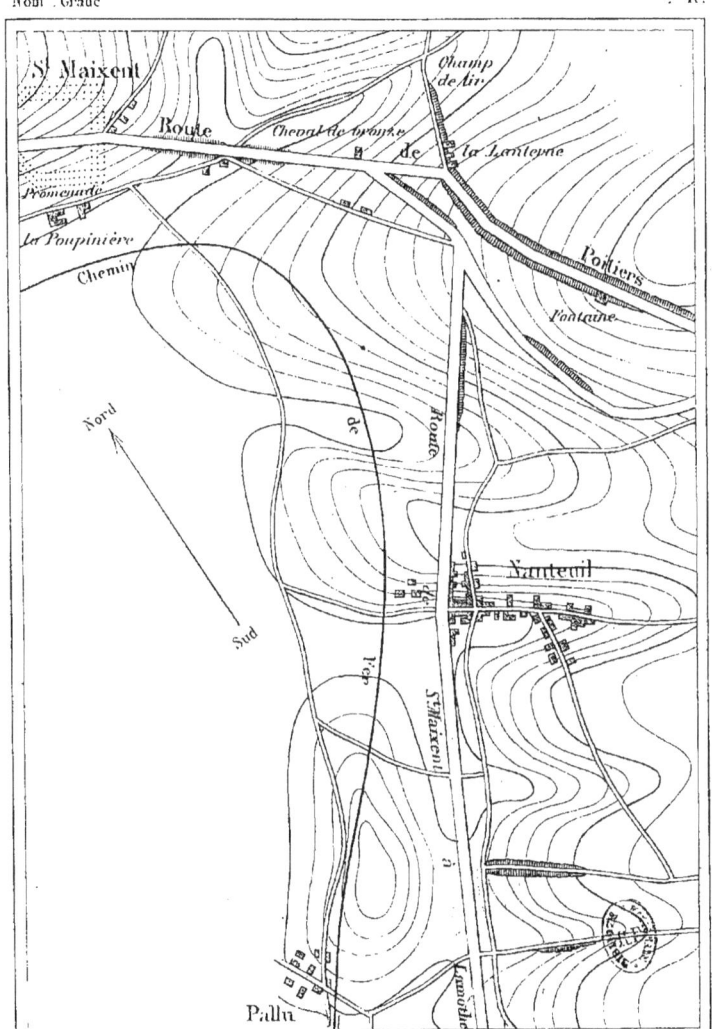

Echelle de 1/10.000 ___ L'équidistance est de 5 mètres

Modèle N° 2 bis

ITINÉRAIRE DE ST MAIXENT A LAMOTHE

Nom _ Grade

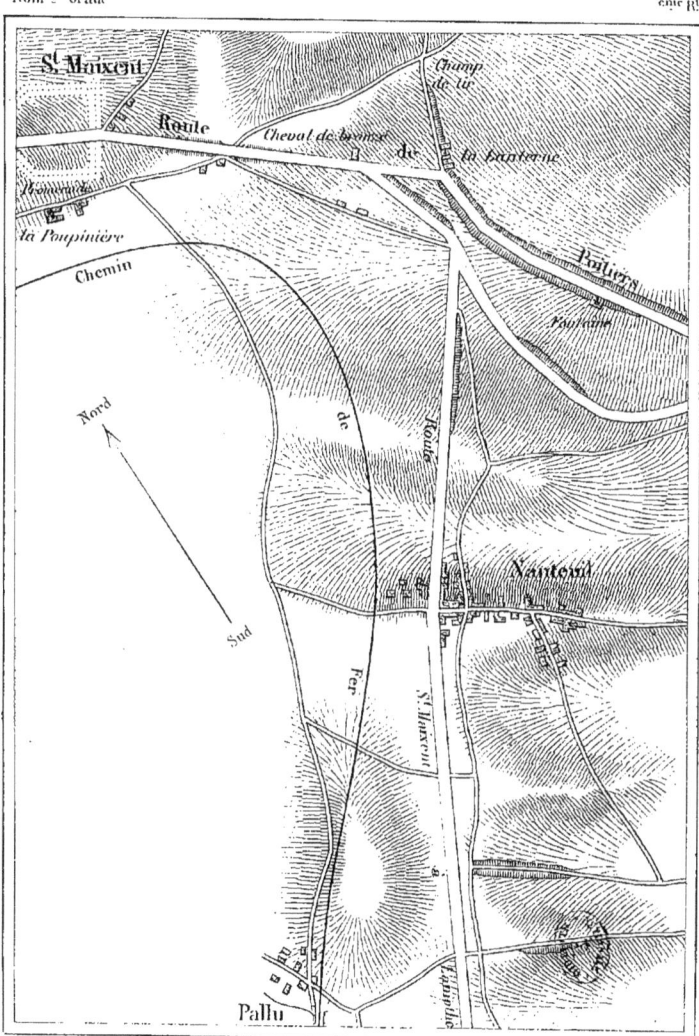

Echelle de 1/10000 ———— L'équidistance est de 5 mètres

TABLE.

Introduction.. 1
Notions générales.. 9

PREMIÈRE LEÇON.
PLANIMÉTRIE DES ITINÉRAIRES.

Chap. I. — Description et usage des instruments..................... 12
Chap. II. — Exécution de la planimétrie des itinéraires............. 17
Chap. III. — Mise au net des dessins................................ 21

DEUXIÈME LEÇON.
ÉTUDE DES SIGNES CONVENTIONNELS DU NIVELLEMENT.

Chap. I. — Théorie succincte du nivellement......................... 30
Chap. II. — Profilement des divers mouvements de terrain............ 36
Chap. III. — Exécution graphique de la copie d'un modèle d'itinéraire (nivellement).. 43

TROISIÈME LEÇON.
PRATIQUE DU NIVELLEMENT.

Chap. I. — Description et usage de l'éclimètre...................... 50
Chap. II. — Exécution d'un itinéraire complet sur le terrain........ 60
Chap. III. — Rapports à l'appui des itinéraires..................... 63

QUATRIÈME LEÇON.
DES DIFFÉRENTS GENRES DE LEVÉS TOPOGRAPHIQUES.

Chap. I. — Itinéraires fermés....................................... 66
Chap. II. — Levés irréguliers....................................... 69
Chap. III. — Levés à vue et de mémoire.............................. 77
Chap. IV. — Levés réguliers... 79

FIN DE LA TABLE.

---

13 842. — Typographie Lahure, rue de Fleurus, 9, à Paris.

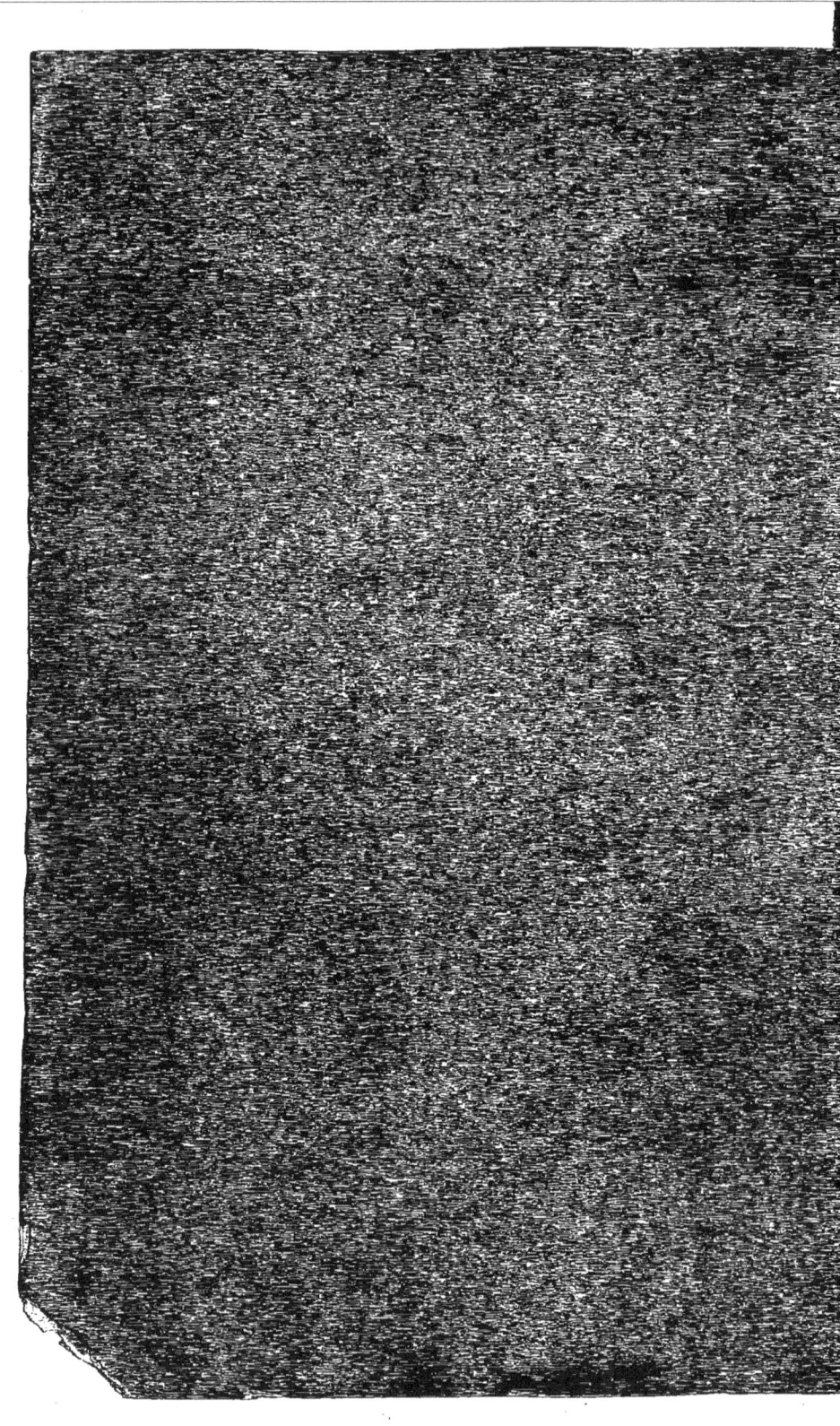

www.ingramcontent.com/pod-product-compliance
Lightning Source LLC
Chambersburg PA
CBHW070245100426
42743CB00011B/2143